# 안사의 난

易中天中華史: 安史之亂

# 안사의 난

安史之亂

易 中 天 中 國 史

## 이중톈 중국사 \16\

이중톈 지음 | 김택규 옮김

글항아리

**제4장**

# 몰락으로 가는 길

**제5장**

# 당시의 정신

제1장

# 개원의 새 정치

젊은 황제는 군복을 입고 열병을 받을 부대를 친히 지휘했다.
이로써 막이 오른 반세기는 길고도 곡절 많은 이야기를 품고 있다.

# 대열병

당 현종이 직접 국정을 돌보면서 맨 처음 맞닥뜨린 큰일은 열병이었다.

열병식은 장엄하고 성대했다. 열병을 받을 20만 대군이 여산驪山 밑 자락에서 강물을 따라 진세를 펼치자 무수한 깃발이 50리 넘게 이어졌다. 그들은 햇빛 아래 창과 갑옷을 반짝이며 용맹한 모습을 뽐냈다. 29세의 황제는 군복을 입고 북을 두드리며 친히 군대의 이동을 지휘하기까지 했다.[1]

전군은 황제의 장수를 빌며 만세를 외쳤다.

이윽고 현종은 포상자 명단을 발표하고서 짐짓 염려스러운 어조로 제국의 상황이 금세 굴러떨어질 것 같은 진주 목걸이처럼 낙관하기 어렵다고 지적했다.

"모든 관병은 한마음 한뜻으로 명령은 행하고 금령은 지키면서 충성스러운 정신과 무적의 실력으로 목숨을 걸고 우리 대당大唐의 강산과

**009**

---

[1] 『당회요唐會要』 26권과 『자치통감資治通鑑』 210권 개원開元 원년 10월 항목 참고.

사직을 지켜주기 바란다."**2**

　이 말이 단순한 엄포였는지 아니었는지는 말하기 어렵다. 사실 현종이 정식으로 정권을 넘겨받았을 때 당나라는 세워진 지 이미 백 년이 가까웠다. 이것은 4세기에 걸쳐 분열과 혼란을 겪은 중국으로서는 행운이라 할 만했다. 더욱이 태종이 다스린 23년은 정관의 치貞觀之治라고 불렸으며 그 본인이 여러 이민족 백성의 천가한天可汗으로 칭송받기까지 했다.

　그 후의 반세기에 걸친 고종과 무측천의 시대에도 제국은 계속 번창하며 태평성대를 구가했다. 비록 무측천의 황제 등극 전후에 분란이 일기는 했지만 그 분란은 이씨 황실과 일부 관리들에게 영향을 주었을 뿐, 일반 백성은 물론이고 심지어 서족庶族 지주계급과도 관련이 없었다. 정반대로 무측천이 관롱關隴 문벌 귀족의 세력을 제거하고 적극적으로 과거제를 시행한 덕분에 빈한한 선비들이 빛을 볼 기회를 잡았다. 그래서 제국은 그녀의 대대적인 숙청과 학살에도 불구하고 붕괴될 기미가 전혀 없었다.

　실제로 무측천은 당나라 왕조의 무덤을 판 장본인이면서 동시에 그 무덤을 지키고 나아가 건설한 사람이기도 했다. 본 시리즈 15권 『무측천의 정치』에 나오듯이 당 태종은 기득권을 옹호하던 장손무기長孫無忌 등의 종용 아래 가장 능력이 모자란 이치李治를 후계자로 삼았다. 그래야만 황실의 내분으로 제국이 분열되는 사태를 피하고 자신의 정치 노

---

**2** 『당대조령집唐大詔令集』「여산강무상위장사조驪山講武賞慰將士詔」 참고.

선과 일세의 명성을 보전할 수 있을 듯했던 것이다.

안타깝게도 현명한 태종 황제는 무덤을 팔 능력이 없는 사람이라면 무덤을 지킬 능력도 없다는 것을 잊었거나 아예 몰랐던 것 같다. 당연히 그는 이치가 제국을 두 손으로 갖다 바칠 줄은, 그것도 한 여인에게 그럴 줄은 몰랐다.

이것은 실로 엄청난 역사의 장난이었다.

다행히도 그 여인은 뜻밖에 나라를 다스릴 능력이 있었다. 처음에는 고종과 함께, 이어서 단독으로 집권한 40여 년간 무측천은 제국의 지속적이고 장기적인 통일을 보장하는 동시에 제국에 활력을 불어넣었다. 무주武周로의 왕조 교체도 이전의 송, 제, 양, 진陳, 북주, 수나라와 비교하면 가장 적은 대가를 치렀다.

더욱이 그녀는 제국을 다시 이씨의 당나라에 돌려주었다.

안타깝게도 역사는 가정을 허용하지 않기 때문에 우리는 무측천이 없었으면 고종의 정권이 어땠을지 상상할 수 없으며 폐태자 이홍李弘과 이현李賢의 왕조는 어땠을지는 더더욱 상상할 수 없다. 무측천이 없었으면 그녀의 장남과 차남인 이홍과 이현도 없었을 것이기 때문이다. 혹시 이현이 고종의 사생아였을지라도 말이다. 하지만 적어도 그녀가 국가를 더 엉망으로 만들지는 않았다고 인정할 수는 있을 듯하다. 비록 밀고와 억울한 사건의 날조를 장려해 무고한 이들을 마구 죽임으로써 민심과 세태에 악영향을 주기는 했지만 말이다.[3]

**011**

---

3  데니스 트위칫Denis Twitchett, 『케임브리지 중국사-수당편The Cambridge History of China-Sui and T'ang China』에서는 무측천이 더 안 좋은 경우로부터 나라를 구했다고 말한다. 하지만 동시에 이 점은 논쟁의 여지가 있다고도 한다.

그렇다면 현종의 위기감은 어디에서 비롯된 것일까?

짧지만 혼란했던 중종과 예종 시대에서 비롯되었다.

그때는 공허하고 낙담스러운 시기였다. 한 무리의 관리가 성공적으로 여황女皇 무측천을 황위에서 내쫓기는 했지만 그녀의 공백을 메울 사람이 아예 없다는 사실이 밝혀졌다. 그리고 여황이 내놓은 정권이 덕도 없고 능력도 없는 자들의 수중에 떨어졌는데, 그들은 무측천의

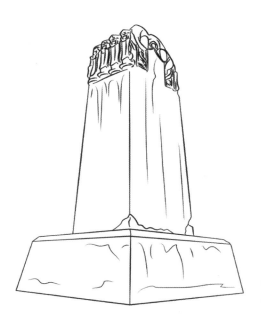

무자비
글자 없는 무자비無字碑는 고종과 무측천이 합장된 건릉乾陵에 있고 무측천에 의해 세워졌다. 무측천은 자신의 모든 공과와 시비를 후인들의 논의에 맡긴다는 의미에서 이런 비를 세웠다고 한다.

조카 무삼사武三思, 중종의 아내와 딸인 위韋황후와 안락安樂공주 그리고 여황의 정적이었던 상관의上官儀의 손녀 상관완아上官婉兒였다.

그 괴상한 동맹은 당연히 허튼짓에만 능해서 당 현종 이융기李隆基에게 역사를 만들 기회를 제공했다. 그는 본래 황위와는 인연이 없었다. 그의 아버지 이단李旦은 무측천의 넷째 아들이자 중종 이현李顯의 동생이었고 그 자신도 형제 중 셋째여서 황제 자리와는 하늘과 땅 만큼이나 거리가 멀었다. 이 왕자가 훗날 당나라 제6대 황제가 되고 가장 오랜 재위 기간을 기록할 수 있었던 것은 단지 역사가 그를 택했고 또 그가 쿠데타를 택했기 때문이었다.

물론 위황후의 어리석음 때문이기도 했다.

위황후의 어리석음은 그녀가 너무 여황제가 되고 싶어했고 그녀의 딸 안락공주도 너무 황태녀가 되고 싶어한 데 있었다. 두 여인은 심지어 중종이 수명을 다할 때까지 기다릴 수가 없어 미리 그를 저승으로 보내버렸다. 이 사건은 다소 복잡하지만 위황후 세력이 민심을 얻지 못한 것은 확실한 듯하다. 그래서 이융기는 아무 거리낌 없이 그들을 즉결 처형했다.

당시 이융기는 겨우 26세여서 아직 존재감이 두드러지지는 못했다.

그의 쿠데타는 태평太平공주의 도움을 받았고, 심지어는 무측천의 그 막내딸이 처음부터 기획한 작품이라는 의견도 있다. 일이 너무 순조롭게 진행되어, 배후에 든든한 권력과 금전의 지원이 있었던 게 분명해 보이기 때문이다. 이융기에게는 이 두 가지가 많지 않았지만 태평공주에게는 얼마든지 있었다. 그녀는 무측천의 시대에 줄곧 활약했고 중종 즉위 후에는 '진국鎭國'이라는 존호까지 추가로 받았다. 그리고 쿠데타가 성공한 뒤 비로소 등장해 오만한 태도로 이단의 황위 등극을 주도했다.[4]

결국 태평공주는 이제 자기가 실력 발휘를 할 차례라고 생각했다. 우선은 이단을 황위에 올릴 수밖에 없었고 나아가 이단이 태자 이융기에게 황위를 물려주는 것을 저지하지도 못했지만, 그녀는 제국이 그 부자의 것이라고는 생각하지 않았다. 그녀의 몸속에는 당나라의 이씨와 주나라의 무씨, 이 두 황실의 피가 흘렀고 막내오빠인 예종 이단은 권력투쟁에 무심했기에 스스로 나서서 천하를 휘어잡아보려 했다.

태자일 때도, 황제가 돼서도 증조부의 '정관의 치'를 동경해온 이융기는 무측천의 노선을 고집하는 고모와 어쩔 수 없이 암투를 벌여야 했다. 그 결과, 패배한 태평공주는 스스로 자기 목숨을 끝냈고 동시에 한 시대를 끝냈다. 그 후로 청나라 말기까지 어떤 여인도 그렇게 중국 제국의 정세에 결정적인 영향을 끼치지는 못했다.

당 현종은 승리를 거뒀는데도 위기감을 느꼈다. 그는 성패가 겨우 하루 차이로 갈렸다는 것을 똑똑히 기억하고 있었다. 밀정의 보고로 태평공주의 쿠데타보다 한발 앞서 손을 쓰지 않았다면 패배자는 자기 자신이 되었을 것이고 당나라에는 또 한 명의 여자 황제가 출현했을 **014**

---

4  이 견해에 관해서는 데니스 트위칫, 『케임브리지 중국사-수당편』 참고.

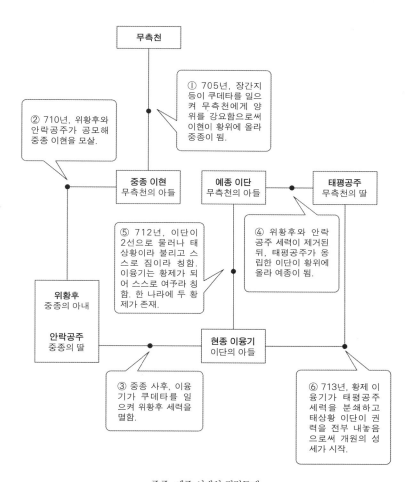

무측천

① 705년, 장간지 등이 쿠데타를 일으켜 무측천에게 양위를 강요함으로써 이현이 황위에 올라 중종이 됨.

② 710년, 위황후와 안락공주가 공모해 중종 이현을 모살.

중종 이현
무측천의 아들

예종 이단
무측천의 아들

태평공주
무측천의 딸

⑤ 712년, 이단이 2선으로 물러나 태상황이라 불리고 스스로 짐이라 칭함. 이융기는 황제가 되어 스스로 여주라 칭함. 한 나라에 두 황제가 존재.

④ 위황후와 안락 공주 세력이 제거된 뒤, 태평공주가 옹립한 이단이 황위에 올라 예종이 됨.

위황후
중종의 아내

안락공주
중종의 딸

현종 이융기
이단의 아들

③ 중종 사후, 이융기가 쿠데타를 일으켜 위황후 세력을 멸함.

⑥ 713년, 황제 이융기가 태평공주 세력을 분쇄하고 태상황 이단이 권력을 전부 내놓음으로써 개원의 성세가 시작.

중종·예종 시대의 권력투쟁

것이다. 이번에는 성이 이씨였을지라도 말이다.

이를 교훈 삼아 얻은 결론은 간단했다. 바로 권력의 집중이었다. 특히 군권軍權을 단단히 손에 쥐어야 했다. 실제로 태평공주가 위황후 일당보다 더 상대하기 힘들었던 원인 중 하나는, 후자가 매관매직에만 열중하고 부하들이 죄다 무능했던 반면에 전자는 문관을 통제했을 뿐만 아니라 군대도 매수했기 때문이었다.

당시의 형세는 확실히 심각했다. 일종의 국무회의인 정사당政事堂 회의의 성원 7명 중 4명이 태평공주 쪽 사람이었으며 궁정의 4개 호위부대 중 2개 부대가 공주에게 충성을 바쳤다. 그리고 3품 이상 관리의 임면권이 이미 2선으로 퇴진한 태상황太上皇 이단의 수중에 있기도 했다. 태평공주는 이 생각 없는 중재자 오빠에게 의지해 손바닥으로 하늘을 가리고 있는 중이었다.[5]

확실히 그것은 세 사람의 게임이었으며 예종 이단도 사실 알려진 것처럼 그렇게 연약하거나 어리석지는 않았다. 그는 평생 동안 세 번 천하를 양보했다. 첫 번째는 어머니 무측천에게, 두 번째는 형 이현에게, 세 번째는 아들 이융기에게 양보했으며 매번 고결한 인격 때문이 아니라 치밀한 계산을 통해 그랬다. 물론 자기 자신을 위해서였다.

이번 사건을 촉발한 직접적인 원인은 혜성의 출현이었다. 당시의 전통 관념에 따라 이것은 하늘의 비밀스러운 경고로 여겨졌다. 태평공주는 즉시 사람을 풀어 소문을 퍼뜨렸다. 이들은 황제와 태자를 상징하 **016**

---

5 『자치통감』 210권 개원 원년 6월 항목 참고. 그런데 이 항목에서는 재상 7명 중 5명이 태평공주 쪽 사람이었다고 잘못 기록했다. 4명이 옳다.

는 별들에도 이상한 변화가 생겼다고 떠들어댔다. 그 말에 숨겨진 의미는 명확했다. 태자를 퇴출시켜야 황제가 안전하다는 것이었다.

그러나 애석하게도 온갖 궁리를 다 했지만 공주는 자기 오빠만큼 똑똑하지는 못했다. 예종은 아예 황위를 넘긴다고 선포함으로써 깨끗이 문제를 해결하고 안전을 확보했다. 그는 심지어 소식을 듣자마자 달려와 바닥에 넙죽 엎드린 태자 이융기에게 터놓고 이런 말을 하기도 했다.

"내가 너에게 양위를 하는 것은 재난을 피하기 위해서다. 네가 정말 효자라면 굳이 짐이 죽고 나서 너를 즉위하게 할 필요가 있겠느냐?"[6]

모두 할 말을 잃었다.

그가 제국의 최고 중재권을 수중에 남겨둔 것도 표면적으로는 태평공주의 음모와 계략 때문이었지만 실제로는 자체 타산의 결과였다. 큰일은 자기가 결정하고 작은 일은 관여하지 않음으로써 이 태상황은 자연스럽게 여유를 확보할 수 있었다. 하지만 가엾은 황제는 스스로 짐이라 부를 자격조차 갖지 못했으니, 그야말로 아버지 이단의 아르바이트생 겸 방패막이나 다름없었다.

사실 이융기는 태평공주가 한발 한발 자신을 압박해 들어온 것에 대해 감사해야 마땅했던 것으로 보인다. 안 그랬으면 그는 제국의 진정한 주인이 되기가 힘들었을 것이다. 그 전에 태상황과 그의 관계는 회장과 사장의 관계와 흡사하기는 했지만 당나라는 어쨌든 회사가 아니

---

6  『자치통감』 210권 선천 원년 7월 항목 참고.

었다. 제국에는 무엇보다도 안정이 가장 중요했다. 안정을 확보하려면 권력이 집중되어야 했고 나아가 황제의 손에 집중되어야 했다. 그 전처럼 세 사람이 이익을 나누는 식이어서는 곤란했다.

그래서 당 현종은 정권을 넘겨받은 지 석 달 만에 바로 열병을 했던 것이다. 그는 바로 그런 방식으로 새 시대가 이미 시작되었음을 천하에 널리 알리고자 했다.

아울러 그도 사람을 죽여야 했다. 혹은 죽이는 척해야 했다.

# 재상이 된 요숭

하마터면 죽을 뻔한 사람은 곽원진郭元振이었다.

곽원진은 대공신이었다. 선천先天 2년(713) 7월 3일, 당 현종이 군대를 보내 태평공주 일당을 잡아 죽이고 태상황 이단이 그 소식을 듣자마자 성루에 올랐을 때, 마침 곽원진이 재상에 준하는 동중서문하삼품同中書門下三品 겸 병부상서兵部尚書의 신분으로 병사들을 통솔해 이단의 호위를 맡았다. 당시 그는 이단에게 다음과 같이 말했다.

"황제가 명을 받들어 반역의 무리를 소탕하였습니다. 다른 일은 없으니 염려 안 하셔도 됩니다."[7]

이 말은 이단을 안심시켰을 뿐만 아니라, 그 변란의 성격을 규정지었다. 그 후, 태상황의 명의로 반포된 조서는 공주의 도당이 망령되게 군주 시해를 도모하여 태상황의 명을 받든 황제에 의해 토벌되었다고 밝혔다. 이로써 이융기의 작전은 정당성을 얻었으며 이때 곽원진의 역할

**019**

---

7 『자치통감』 210권 개원 원년 7월 항목과 두 『당서唐書』의 「곽원진전」 참고.

은 거의 현무문玄武門의 변에서 울지경덕蔚遲敬德이 담당했던 것에 상당했다.[8]

그런데 10월 13일의 열병식에서 현종은 돌연 안면을 바꿔 '군기 문란'의 죄명으로 곽원진을 군법에 따라 처리하라고 명했다. 곧바로 다른 두 신임 재상이 말 앞에 무릎 꿇고 애걸한 뒤에야 그를 용서하고 사형을 유배로 감형했다.[9]

이상한 일이었다. 군기 문란은 당연히 억지였고 무슨 토사구팽 같지도 않았다. 곽원진은 한신韓信처럼 황권에 위협이 될 만한 존재가 아니었기 때문이다. 사실 그를 살리려고 애걸한 그 두 사람이 바로 공을 세워 막 재상이 된 이들이었다. 더구나 현종이 정말로 곽원진을 죽일 생각이었다면 그들이 어떻게 말릴 수 있었겠는가?

당연히 죽이는 척한 것이었다.

꼭 권위를 세우기 위함은 아니었으며 적어도 전적으로 그것만을 위해 그런 것은 아니었다. 권위는 당연히 세워야 했지만 꼭 살인에 의존할 필요는 없었고 실제로도 살인을 하지는 않았다. 따라서 결론은 하나뿐이다. 현종은 곽원진의 머리를 원한 게 아니라 그의 직위, 즉 동중서문하삼품 겸 병부상서를 원했다. 이 직위는 요즘 말로 바꾸면 국무위원 겸 국방부 장관 혹은 참모총장이다.

이 결론을 뒷받침할 증거가 있을까?

있다. 바로 이튿날인 10월 14일, 당 현종은 즉각 다른 사람에게 명

8  『책부원귀冊府元龜』 84권 참고.
9  『자치통감』 210권 개원 원년 10월 항목과 두 『당서』의 「곽원진전」 참고.

해 곽원진의 직무를 이어받게 했다. 그 사람은 당시 동주자사同州刺史였고 명을 받기 전에는 열병식의 참석자에 불과했으며 태평공주 일당의 소탕 작전에는 관여한 적도 없는 인물이었다. 현종의 인사가 사실 오랜 심사숙고의 결과였음을 알 수 있는 대목이다. 따라서 누가 그 불운한 곽원진의 직무를 이어받았는지가 바로 수수께끼를 푸는 열쇠다.

그 사람의 이름은 요숭姚崇이었다.

요숭은 무측천의 충신이었다. 8년여 전에 무측천이 퇴위하여 중종과 신하들이 이를 축하할 때 요숭만 홀로 소리 죽여 흐느꼈다. 옆에 있던 사람이 이러는 것은 시의적절치 않다고 일깨웠지만, 그는 저절로 우러나온 감정이라면서 옛 군주와 석별하는 것은 신하의 의리라고 말했다. 결국 그는 당일로 재상에서 지방의 자사로 좌천되었다.[10]

하지만 현종은 그의 충성심이 마음에 들었다.

충성심은 역대로 군주가 신하에게 요구해온 요건이었다. 다만 충성심 또는 충신에는 두 종류가 있었다. 하나는 모신謀臣의 충성심으로, 그들은 군주를 위해 전심전력으로 계책을 마련했고 성공을 위해서는 수단 방법을 가리지 않는 동시에 기꺼이 용감하게 위험을 무릅썼다.

다른 하나는 현신賢臣의 충성심이었다. 그들은 당연히 군주와 신하의 대의를 엄격히 지키면서 군주의 일을 위해 온 힘을 다했다. 하지만 이는 군주에게 충성했다기보다는 자신이 인정하는 도덕적 기준과 사회적 이상에 충성했다고 봐야 했다. 그들이 요구하는 상대는 현명한 리

---

**10** 　두 『당서』의 「요숭전」과 『자치통감』 208권 신룡神龍 원년 2월 항목 참고.

더로서 적어도 평균 이상의 군주였다. 그렇게 현신은 군권君權을 빌려 자신의 정치적 포부를 실현하려 했다. 두보의 시구처럼 "임금을 요순보다 훌륭한 군왕이 되게 하고, 다시 백성의 풍속을 순박하게 만들려致君堯舜上, 再使風俗淳" 했던 것이다.[11]

다행히도 이융기는 마침 성군이 되고 싶어했고 또 요숭의 임명은 대단히 극적으로 그려졌다. 기록에 따르면 열병식 다음 날, 당 현종이 위수渭水 물가에서 사냥을 하고 있는데 요숭이 부름을 받아 말 앞으로 다가왔다. 당시 현종은 기분이 썩 좋아서 환히 웃으며 그에게 물었다.

"경은 사냥을 할 줄 아는가?"

"신은 공부는 많이 하지 못했습니다. 대신 사냥은 노익장이라 할 만합니다."

"그거 잘됐군!"

현종이 말했다.

"짐이 오랫동안 그대를 보지 못했는데 마침 그대의 의견을 듣고 싶은 일들이 있네. 재상들을 따라 함께 가보도록 하지!"

그는 말을 채찍질해 나아갔다.

그런데 요숭은 따라가지 않고 뒤에 처졌다. 이에 현종이 의아해하자 요숭이 말했다.

"신은 미천한 지방관이어서 재상들과 나란히 있으면 안 됩니다."

현종은 말했다.

---

11    두보, 「봉증위좌승장이십이운奉贈韋左丞丈二十二韻」 참고.

"그대는 이제부터 병부상서이자 동중서문하삼품일세."

요숭은 성은에 감사하지 않았다.

현종은 크게 놀랐지만 왜 그러느냐고 따로 묻지는 않았다. 행궁行宮에 도착해서 현종은 재상들을 자리에 앉게 했지만 요숭은 무릎을 꿇고 말했다.

"신에게 폐하께 올릴 열 가지 의견이 있습니다. 폐하께서 안 된다고 여기신다면 방금 신을 임명하신 조칙은 감히 받들 수 없습니다."

현종이 말했다.

"다 말해보게나. 짐이 힘껏 해볼 터이니."

"엄한 형벌과 법에 의지하지 않고 인의로 나라를 다스리실 수 있습니까?"

"그게 바로 짐이 경에게 희망을 거는 바일세."

"무력을 남용해 전쟁을 일삼지 않고 큰일로 공을 세우기를 즐기지 않으실 수 있습니까?"

"그러겠다고 장담하지."

"환관이 조정 일에 관여하지 못하게 하실 수 있습니까?"

"생각해둔 지 오래된 일일세."

"외척을 재상으로 두지 않고 쓸모없는 관리를 도태시키실 수 있습니까?"

"진작에 그랬어야 했네."

이어서 요숭이 밝힌 다른 주장도 현종은 모두 받아들였다. 어떤 신하가 직언을 올려도 그의 인격과 존엄에 해가 가지 않게 할 수 있느냐는 것도, 양한兩漢과 무주武周의 역사적 교훈을 기록으로 남겨 영원히 경계로 삼을 수 있느냐는 것도 흔쾌히 그러겠다고 했다. 이에 요숭은 만세를 외쳤다.

"천하가 큰 행운을 만났습니다! 폐하는 천년에 한 분 나오기도 힘든 성군이시니 이 요숭은 감히 나라를 위해 기꺼이 목숨을 바치겠습니다!"

현종은 그에게 그만 앉으라고 말했다.

본래 제일 윗자리에 앉아 있던 중서령中書令이 벌떡 일어나 자리를 양보했다. 이에 요숭이 말했다.

"중서령은 수상이신데 제가 어찌 감히 분수에 넘치는 짓을 저지르겠습니까?"

그러자 현종이 말했다.

"그러면 그대를 중서령으로 삼겠네."[12]

위의 이야기는 너무 소설 같아서 정사에는 실리지 못했다. 하지만 요숭의 그 열 가지 시정施政 강령은 사실이며 중서령을 맡은 것도 사실이다. 단지 두 달 후 일어난 일일 뿐이다. 전임 중서령은 자사로 좌천되었다.[13]

그것도 당연히 요숭에 의해 생긴 일이었다. 당시 요숭은 매번 조정에 **024**

---

**12** 『자치통감』 210권 개원 원년 10월 항목의 『고이考異』와 『신당서』 「요숭전」 참고.
**13** 요숭의 시정 강령 열 가지는 『전당문全唐文』 206권과 『신당서』 「요숭전」 참고. 『구당서』에는 실려 있지 않다.

당나라의 문관용

당나라의 삼채문관용三彩文官俑으
로 1981년 뤄양洛陽 룽먼龍門의 안
보安菩 부부 묘에서 출토

당나라 채색 문관용으로 뤄양
박물관 소장

나올 때마다 다리를 절뚝거렸다. 이에 현종이 염려하며 물었다.

"그대는 발병이라도 났는가?"

"발병은 없고 마음의 병만 있습니다."

"왜 병이 났는가?"

"중서령이 몰래 기왕부岐王府에 들렀습니다."

산전수전 다 겪은 현종은 즉시 무슨 말인지 알아들었다. 생각해보면 역사상 어떤 쿠데타든 안팎이 결탁하지 않은 적이 없었다. 현종은 자신의 동생인 기왕이 설마 모반을 할 리는 없다고 생각했지만 정치적 금기를 어기는 자는 반드시 응징을 받아야 했다.[14]

조정과 민간이 온통 뒤흔들렸다. 왜냐하면 이때 자리에서 내려온 중서령이 장열張說이었기 때문이다.

장열은 일찍이 무측천 시대에 이미 천하에 이름이 알려졌다. 장안長安 3년(703) 9월, 국무위원 위원충魏元忠이 장창종張昌宗 형제에게 모반죄로 무고당했을 때 여황 무측천은 태자 이현, 상왕相王 이단과 전체 재상들로 합의 법정을 조직해 위원충과 원고原告로 하여금 어전에서 대질하게 했다. 이에 장창종은 장열을 불러 증언시킬 것을 제안했다.

"위원충이 망령되게 폐하가 늙고 쇠약하다고 논한 것을 이 사람이 직접 들었다고 합니다."

그런데 뜻밖에도 장열은 들어와서 한마디도 하지 않았다.

그때의 분위기는 매우 긴장되어 있었다. 조당朝堂 밖에서는 정의파 **026**

14 『자치통감』 210권 개원 원년 12월 항목과 『신당서』 「요숭전」 참고.

대신들이 장열의 위증을 염려해 그가 들어가기 전에 앞다퉈 경고를 했다. 또 어전 앞에서는 그가 무슨 말을 할지 몰라 모든 이의 눈빛이 그에게 집중되어 있었다. 위원충이 감정을 억누르지 못하고 큰소리로 말했다.

"장열, 설마 자네가 장창종과 결탁해 나를 무고하려는 것인가?"

장창종은 이미 승기를 잡은 듯이 기고만장해서 어서 증언을 하라고 장열을 채근했다.

장열은 그제야 입을 열었다. 그는 먼저 위원충을 질책했다.

"재상의 몸으로 어찌 천한 사람처럼 이렇게 식견이 없습니까?"

이어서 무측천에게 고했다.

"폐하, 장창종은 폐하 앞에서도 사람을 이 지경으로 몰아붙이니 밖에서는 얼마나 사나울지 상상하기 어렵지 않습니다. 신은 감히 군주를 속이지 못하겠습니다. 신은 확실히 위원충이 부당한 말을 하는 것을 듣지 못했습니다. 그런데도 장창종은 높은 관직과 후한 녹봉을 약속하며 신에게 거짓을 말하라 했습니다."[15]

미관말직이었던 장열은 이때부터 사람들의 주목을 받았다. 중종 즉위 후, 그는 쫓겨갔던 지역에서 다시 도읍으로 소환되었고 나중에는 또 요숭, 곽원진과 함께 이융기의 태자당太子黨이 되었다. 다만 태평공주와의 투쟁 과정에서 곽원진은 재상직에서 그리고 장열은 배척당해 낙양으로 내려간 상태에서 둘 다 7월 3일의 사변에서 큰 공을 세운 반면,

**027**

---

**15** 『자치통감』 207권 장안 3년 9월 항목과 두 『당서』의 「장열전」 참고.

요숭은 외지로 좌천된 탓에 공을 세울 기회를 얻지 못했을 뿐이다.

따라서 장열이 타격을 입고 다른 '7·3 공신들'이 연이어 좌천된 것은 요숭의 질투 때문이었다고 간주되곤 했다. 하지만 사실은 그렇지 않았다. 현종은 예종이 아니었고 중종은 더더욱 아니었는데 어떻게 요숭에게 좌지우지되었겠는가? 사실 그가 안면을 바꾸고 공신들을 냉대한 근본 원인은 신기원을 열기 위해서였다. 우리는 새 황제의 새 연호가 '개원開元'이었음을 잊어서는 안 된다. 인물 교체는 새로운 프로그램의 시동을 걸기 위한 절차였을 따름이다.

그러면 요숭은 현종이 훌륭한 출발을 할 수 있게 해주었을까?

# 송경이 국정을 맡다

요숭은 당 현종의 기대를 저버리지 않았다. 그는 중서령을 맡은 지 겨우 1년 만에 모든 관계를 정돈하고 또 모든 정무를 장악했다. 그래서 본래 자리만 지키던 그의 동료 국무위원들은 거의 있으나 마나 한 존재가 되어 '밥만 축내는 재상'이라 불렀다.[16]

이에 요숭은 자못 득의양양해서 부하인 제한齊澣에게 물었다.

"자네가 보기에 재상으로서 나는 누구와 비길 수 있을 것 같나?"

제한이 대답하지 않자 요숭은 또 물었다.

"관중管仲, 안영晏嬰과 비길 수 있나?"

제한은 솔직히 말했다.

"비길 수 없을 것 같습니다."

"그래도 뭔가 자네 생각은 있을 것 아닌가?"

**029** "시대를 구할 재상에 불과하십니다."

---

**16** 두 『당서』의 「노회신전盧懷愼傳」과 『자치통감』 211권 개원 3년 정월 항목 참고.

요숭은 뛸 듯이 기뻐하며 붓을 내던졌다.

"하하, 시대를 구할 재상도 흔하지는 않지 않은가?"[17]

이것은 자기만족이자 자기인식이었다. 군직軍職을 맡은 적이 있는 문신으로서 요숭의 업무 방식은 명쾌하면서도 책임감이 투철해 확실히 한 시대를 구할 만했다. 개원 3년(715) 5월, 태행산太行山 동쪽에 메뚜기 떼로 인한 재해가 발생했다. 그런데 지방관과 백성은 천명이 두려워 감히 메뚜기 떼에 손을 대지 못했다. 하지만 요숭은 현종에게 이렇게 말했다.

"뭐가 두렵습니까? 백성은 먹을 것이 곧 하늘인데 메뚜기는 놔두고 사람은 구하지 않는 법이 어디 있습니까? 폐하가 분부하지 않으신다면 신이 메뚜기 떼를 멸하라는 정부 명령에 서명하겠습니다. 만약 천벌이 내린다면 이 요숭이 혼자 감당하면 됩니다."[18]

이 말에는 자못 태종의 유풍이 담겨 있다. 정관貞觀 2년(628) 6월, 재해 상황을 살피던 이세민은 메뚜기를 한 움큼 집어 입에 쑤셔 넣었다. 그의 설명은 이랬다.

"오곡은 백성의 목숨이니 이놈들에게 먹혀서는 안 된다. 이놈들아, 먹으려면 짐의 내장을 먹어라!"

시종이 급히 제지했다.

"이런 걸 드시면 옥체가 상하십니다."

그래도 태종은 막무가내였다.

---

17　『자치통감』 211권 개원 3년 정월 항목 참고.
18　두 『당서』의 「요숭전」과 『자치통감』 211권 개원 3년 5월 항목 참고.

"짐은 백성을 위해 일하는데 병을 두려워하겠느냐!"[19]

대단히 멋지다. 다소 쇼맨십이 느껴지기는 하지만.[20]

그러나 요숭을 태종과 한데 섞어 논할 수는 없다. 어쨌든 조정과 민간에서 모두 그에 대해서는 비판의 말이 나오지 않았다. 개원 신정新政의 실질적인 대표자로서 그는 과거의 폐단을 개혁해 현종이 정치적으로 적자에서 흑자로 돌아서도록 도왔다. 그러고서 이 역사적 사명이 거의 완수되었을 때 그의 정치적 생명도 끝에 이르고 말았다.

더 골치 아픈 문제는 요숭이 권모술수를 즐기고 그리 청렴하지 않았다는 데 있다. 자녀를 잘못 관리해 외국과 내통한 부패 사건에 휘말리기까지 했다. 그나마 다행히도 "퇴위해 화를 피하라는" 제한의 건의를 받아들여 제때 재상직을 내려놓고서야 겨우 연착륙할 수 있었다. 나아가 '개부의동삼사開府儀同三司'(종1품)라는 명예 직함까지 얻어, 중서령을 맡은 지 꼬박 3년 만에 정말로 '시대를 구한 재상'으로 인정받았다.[21]

요숭을 대신한 사람은 송경宋璟이었다.

송경은 요숭이 추천한 사람이었지만 두 사람의 스타일은 완전히 달랐다. 요숭은 민첩하고 융통성이 있었으나 송경은 원칙을 중시하고 신중했다. 일례로 당시 현종이 장군 한 명을 보내 송경을 도움으로 맞아들였는데 웬일로 송경은 오는 내내 입을 꾹 다물고 있었다고 한다. 냉대를 받았다고 생각한 장군은 돌아와서 불쾌함을 호소했지만 이로 인해 황제는 송경을 더 존중하게 되었다. 공무를 집행할 때는 본래 사사

---

**19** 『정관정요貞觀政要』8권과 『자치통감』192권 정관 2년 6월 항목 참고.
**20** 데니스 트위칫, 『케임브리지 중국사-수당편』에서는 당 태종의 여러 공개적인 거동이 연극적인 성격을 띠었으며 메뚜기를 먹은 것도 그런 예에 속한다고 말한다.
**21** 두 『당서』의 「요숭전」과 『신당서』「제한전」 그리고 『자치통감』211권 개원 4년 12월 항목 참고.

로운 이야기는 삼가야 하기 때문이었다.²²

　본래 송경은 올바르고 강직하기로 세상에 이름이 높았다. 그 횡포한 여황 무측천조차 그에게는 어느 정도 양보하지 않을 수 없었다. 장안 4년(704) 12월, 여황의 남첩 장창종이 사적으로 점쟁이를 불러 관상을 본 일이 폭로되었다. 당시 어사중승御史中丞이었던 송경은 그를 사형시켜야 한다고 주장하며 다음과 같이 이유를 밝혔다.

　"점쟁이가 자신에게 천자의 상이라고 망령된 소리를 했는데도 장창종은 그자를 신고하지 않았습니다. 몰래 나쁜 마음을 품었기 때문입니다."

　이에 여황은 말했다.

　"이 일은 장창종이 이미 짐에게 밝혔으니 자수를 한 셈일세."

　"법에 따르면 자수한 자의 면죄는 대역죄에는 적용되지 않습니다."

　여황은 부득이 온화한 태도로 부드럽게 이야기했지만 송경은 전혀 태도를 바꾸지 않았다. 그러자 옆에 서 있던 아부꾼 재상이 서둘러 칙령을 읽고는 송경에게 즉시 퇴청하라고 했다. 하지만 송경은 코웃음을 쳤다.

　"폐하가 위에 계신데 군이 귀하가 거짓 칙령을 읽을 필요가 있소?"

　여황은 어쩔 수 없이 송경이 그 사건을 심리하도록 비준했고 중간에 사면령을 내려 장창종을 어사대御史臺에서 빼냈다. 그런 다음 장창종을 사적으로 보내 사죄하게 하겠다고 했지만 송경은 영 그녀의 체면을 세 **032**

---

**22** 『자치통감』 211권 개원 4년 12월 항목 참고.

위주지 않았다.

"공적인 일은 공개적으로 말씀해주십시오. 만약 사적인 일을 말씀하시려 한다면 죄송하지만 국법에는 사사로움이 없습니다."[23]

송경은 이렇게나 권력에 영합할 줄 몰랐다.

당연히 그는 이로 인해 중종과 태평공주의 눈 밖에 났다.[24]

하지만 현종은 송경의 정직함을 높이 샀으며 또 송경은 딱 적당한 때 재상이 되었다. 첫 3년은 해야 할 일을 준비해야 했고 온갖 것이 다 혼란스러워 요숭의 과감함과 임기응변이 필요했다. 그런데 지금은 제도 수립 단계에 접어들어 송경의 정직함과 착실함이 요구되었다. 아무래도 하늘은 현종을 편애하는 듯했으며 현종도 이 얻기 힘든 기회를 귀하게 여겼다. 두 재상이 조정에 오면 그는 일어나서 맞이했고 물러날 때는 문가까지 바래다주었다. 요숭과 송경에 대한 황제의 예우는 아무도 따라가지 못했다.[25]

이와 동시에 재상의 구성에도 변화가 생겼다.

전에 여러 번 말했듯이 한과 당, 두 나라의 재상은 각기 달랐다. 한 나라의 재상은 개인이었다. 예컨대 승상, 태위太尉, 어사대부御史大夫였으며 그들이 일하는 장소와 사무 기구는 상부相府라 불렸다. 하지만 당나라의 재상은 집단이었다. 국무회의에 참가할 자격만 있으면 인원이 몇 명이든 모두 재상이었다. 재상들은 정, 부의 구분 없이 돌아가며 주석主席을 맡고 이를 집필執筆이라 했다. 또 회의 장소가 정사당政事堂에 있었

**033**

**23**  이상은 『자치통감』 207권 장안 4년 12월 항목과 두 『당서』의 「송경전」 참고.

**24**  『신당서』 「송경전」을 자세히 참고.

**25**  『자치통감』 211권 개원 4년 12월 항목과 『신당서』 「요숭전」, 「송경전」의 사신찬史贊 참고.

기 때문에 정부政府라고 불렸다.

상부와 정부가 한과 당의 차이였다.

따라서 정확히 말하면 당나라의 재상은 총리, 부총리가 없고 전부 국무위원이었다. 차이는 그저 중서성中書省의 장관은 중서령中書令, 문하성門下省의 장관은 시중侍中, 상서성尚書省의 장관은 상서령尚書令과 좌·우복야左右僕射라는 데 있었고 이들은 당연직 재상이었다. 그런데 상서령은 장기간 공석이었으므로 당연직 재상의 총인원은 네 명이었다.

다른 국무위원은 특임 재상으로서 직함이 '동중서문하삼품同中書門下三品'이었다. 중서령과 시중이 다 정3품 관원이었기 때문이다. 나중에 '동중서문하평장사同中書門下平章事'라는 직함이 또 추가되었는데 이는 열석 위원 혹은 후보 위원에 상당했다.

확실히 당나라의 재상은 모두 겸직이었다. 중서령, 시중 또는 육부六部의 상서尚書가 바로 본직이었다. 그래서 그들은 모두 오전에 정사당에서 회의를 가진 다음, 오후에는 각 성과 부로 돌아가 각자의 업무를 주재했다. 삼성육부三省六部야말로 중앙정부였다.

재상은 겸직인 이상 인원수가 유동적이었다. 가장 많았을 때는 십수 명이었으며 가장 적었을 때는 한두 명이었다. 인원수가 적어진 것은 예종 시대부터 좌·우복야가 더 이상 당연직 재상이 아니었고 특임 재상으로 국무회의에 참가하는 인원도 없었기 때문이다. 그리고 중서성과 문하성, 두 성의 장관도 맡을 사람이 없어 흔히 공석이곤 했다.

이제 위원제가 리더제로 바뀌기 시작했다.

요숭과 송경의 시대는 상황이 더 특별해서 중서와 문하, 두 성의 장관 중 한 명은 늘 공석이었다. 요숭이 중서령일 때는 시중이 없었고 송경이 시중일 때는 또 중서령이 없었다. 결국 요숭과 송경이 자연스럽게 수상이 되었으며 또 재상들이 정·부직으로 짝을 이루는 것이 불성문 不成文의 관례가 되기도 했다.

그렇다. 관례이지 규칙은 아니었으며 제도는 더더욱 아니었다.

장점도 단점도 다 여기에 있었다. 장점은 중서와 문하, 두 성이 하나의 협조 조직이 되어 행정의 효율이 현저히 높아진 것이었다. 게다가 실질적인 수상이 생겼기 때문에 그것은 책임 추궁이 가능한 하나의 정부가 되었다. 그렇지 않았으면 당년에 요숭이 어떻게 감히 모든 일을 틀어쥐고 "내가 서명한 명령에 문제가 생기면 내가 책임을 지겠다"라고 말했겠는가?

결점은 권력이 상호 견제와 균형의 기능을 잃은 것이었다. 사실 삼성 육부 제도를 처음 설계한 의도는 정책 결정, 심의 비준 그리고 집행의 권한을 중서, 문하, 상서, 이 삼성에 분산시켜 서로 감독하게 하는 데 있었다. 그런데 이제 중서성과 문하성이 하나가 되고 상서성이 따로 떨어져나가는 바람에 견제와 균형이 무너지고 분산된 권한도 한데 집중되었다.

**035** 이는 당시의 추세였으며 현종과 요숭, 송경의 공통된 의도이기도 했

다. 권력 집중이 효과적인 동시에 병폐도 있다는 것은 현실이 증명해주었다. 권력이 소수에게 집중되어 누가 권력을 장악하느냐가 관건이 되었기 때문이다. 결국 군주가 현명하고 신하가 지혜로우면 나라가 잘 다스려졌으니 개원의 성세가 그 증거였다. 반대로 군주가 어리석고 신하가 간사하면 나라가 혼란해졌으니 안사의 난이 그 증거였다.

송경은 이런 위험을 잘 알았던 것 같다. 그의 보완 방법은 권력 집중과 정무 공개의 병행이었다. 사실 정무 공개는 태종 시대에 이미 제도화되었다. 당시 재상이 입궁해 일을 아뢸 때는 옆에 반드시 간관諫官과 사관史官이 있어야 했고 어사가 관리를 탄핵할 때도 반드시 법관法冠을 쓰고 법포法袍를 입은 채 여러 신하 앞에서 기소장을 낭독해야 했다. 이렇게 함으로써 모든 것이 투명하게 공개되었으며 누구도 꿍꿍이수작을 부릴 수 없었다.

그런데 무측천이 이 제도를 파괴했다. 그녀는 비정상적인 일을 추진할 때는 부득이 특무 정치와 밀실 담합을 이용했다. 이에 송경이 원상 회복을 주장했고 현종도 그의 건의를 받아들였다. 개원 5년(717) 9월, 황제는 다음과 같이 조서를 내렸다.

"앞으로 나라의 핵심 기밀을 제외한 모든 정무를 공개하고 기록으로 남기도록 하라."26

이 단계에 이르러서야 비로소 신정新政의 틀이 수립된 셈이었다.

훗날 누군가가 이런 논평을 남길 만도 했다.

---

26 『자치통감』 211권 개원 5년 9월 항목 참고.

"요숭은 막힘 없는 지혜로 역사의 전환을 완성했고 송경은 올바른 품격으로 제국의 근본을 지켰다. 목표는 같지만 방법은 달랐던 두 사람의 릴레이 경주 덕분에 개원의 성세는 실마리를 잡을 수 있었다."[27]

27 『신당서』「요숭전」과 「송경전」의 사신찬 참고.

# 재정에 밝았던 우문융

개원 8년(720) 정월, 송경은 돌연 재상의 직무를 내려놓고 요숭처럼 명예 직함인 '개부의동삼사'를 받아 국정 고문이 되었다. 그가 재상으로 일한 기간은 요숭과 별로 차이가 없다. 사실상 겨우 3년이었다.[28]

이로써 짧았지만 잊을 수 없는 현신의 시대가 막을 내렸다.

그것은 군주와 신하가 함께 다스린 시대였다. 쌍방은 조심스럽게 조화와 탐색을 진행하면서 강력한 군주와 그를 보좌하는 신하 사이에 어떤 건전한 관계를 구축하려고 시도했다. 그래서 그것은 자제의 시대이기도 했다. 현종은 신중하면서도 지혜롭게 황권을 운용했고 재상은 부지런히 나랏일을 하는 동시에 국가가 백성을 괴롭히고 재정을 축내는 야심적인 모험에 나서는 것을 방지했다.[29]

요숭과 송경은 명재상이었음에도 불구하고 집권 기간에 어떤 놀랄 만한 업적을 세우지 못했는데 거기에는 다 그만한 이유가 있었다. 그들

---

**28** 송경은 개원 4년(716) 윤12월 28일에 재상으로 임명되었다가 개원 8년(720) 정월 28일에 재상을 그만두었다. 재상을 맡았던 기간은 도합 3년 1개월이다.
**29** 데니스 트위칫, 『케임브리지 중국사-수당편』 참고.

의 치국 방략과 시대 특징은 다음과 같이 요약된다. "외적이 침략해도 퇴치하기만 했고 백성이 풍요로워도 세금만 부과했다."[30]

그래도 송경은 사직해야 했다.

그의 사직을 초래한 원인은 사법과 재정에 있었다. 아마도 사회와 정권의 안정을 보장하기 위해서였는지 송경은 죄인들이 줄기차게 상고하는 것을 지극히 싫어했는데, 한번은 묵혀둔 사건 전체를 감찰 기관에 처리하라고 넘기면서 이렇게 지시했다.

"죄를 인정하고 법을 따르겠다는 자는 관대하게 처리하고 계속 상고하는 자는 죄다 잡아 가두게."

그 결과, 백성의 원성이 비등했으며 극단의 배우조차 더는 가만히 보고 있을 수가 없었다. 당시 날이 가물었는데 어느 연극 공연에서 가뭄 귀신으로 분장한 배우가 황제 앞으로 뛰쳐나와 덩실덩실 춤을 추었다.

현종이 그에게 물었다.

"너는 어째서 뛰쳐나왔느냐?"

가뭄 귀신 역을 맡은 배우가 답했다.

"재상의 명 때문에 뛰쳐나왔습니다."

"그게 무슨 말이더냐?"

"300여 명의 피해자가 재상 때문에 수감되었는데 가뭄이 안 날 수가 있습니까?"

---

**30** 인용문은 유방柳芳, 『식화론食貨論』 참고.

현종은 수긍이 갔다.[31]

하지만 직접적으로 송경을 실각하게 만든 것은 화폐 문제였다. 우리는 제국에 은행이 부재했고 화폐는 이론적으로 관에서 발행할 수밖에 없었음을 알고 있다. 그런데 상업의 발달로 인해 관에서 주조한 동전만으로는 쓰임에 턱없이 부족했다. 게다가 화폐 수요의 급격한 증가로 동전의 질도 나빠져서 오히려 민간에서 주조하는 것만 못하게 되었다. 이에 정부는 무역이 침체되지 않도록 부득이 민간에서 사전私錢을 만들어 유통하는 것을 눈감아줘야만 했다.

그런데 송경과 다른 한 명의 재상이 단번에 이 문제를 해결하려 했다. 그들은 사전을 만들면 사형에 처한다는 금령을 회복시켜달라고 황제에게 주청하는 한편, 사전 주조가 가장 성행하는 지역에 특사를 보내 질서를 바로잡게 했다. 그 결과, 특사의 엄격하고 신속한 법 집행이 물가 폭등을 초래하는 바람에 못 살겠다는 백성의 원성이 도처에 자자했다.

두 재상은 할 수 없이 자신들의 그 재난적인 실패에 대해 대가를 치러야 했다.[32]

이렇게 문제는 그대로인 채 물의만 빚은 이유는 제국의 대다수 관리가 재정 관리에 어둡고 또 흥미도 없었기 때문이다. 사실 한 무제가 유가만 따로 높여 문관 제도를 수립한 이래로 사회적 발언권이 유생들에게 장악된 지 이미 오래였다. 그들의 평가 체계에서 수위를 차지하는

---

**31** 『자치통감』 212권 개원 8년 정월 항목 참고.
**32** 이상은 데니스 트위칫, 『케임브리지 중국사-수당편』과 『자치통감』 212권 개원 8년 정월 항목 참고.

것은 이른바 도덕적인 글이었고 그다음은 관리 능력이었다. 그런데 관리 능력 중에서도 재정 관리는 그들이 가장 멸시하던 것으로서 심지어 소인배의 수단과 행위로 취급되었다. 비열하다고 욕만 먹지 않아도 다행이었다.

안타깝지만 제국은 도덕적인 글만으로는 유지될 수 없었다. 국가 조직을 정상적으로 운영하려면 돈이 필요했고 왕공과 귀족의 사치에도 돈이 필요했으며 야심만만한 대외 확장에는 더더욱 돈이 필요했다. 돈은 하늘에서 떨어지지도 땅에서 솟아나지도 않았다. 재정을 관리하는 사람이 없으면 황제가 어떻게 살아가고 관리는 어떻게 봉급을 받으며

당나라에서 유통된 몇 가지 화폐

당 고조의 개원통보開元通寶

당 숙종의 건원중보乾元重寶

당 대종의 대력원보大曆元寶

당 덕종의 건중통보建中通寶

천하는 또 어떻게 평안을 유지하겠는가?

이 때문에 한나라에는 상홍양桑弘羊이, 송나라에는 왕안석王安石이, 그리고 당나라에는 우문융宇文融이 있었던 것이다.

우문융은 송경이 퇴장한 지 정확히 1년 뒤에 수면 위로 떠올랐다. 당시 관직이 정8품상 감찰어사監察御史에 불과했던 그는 황제에게 호구조사를 하자고 제안했다. 그것은 일리 있는 주장이었다. 여러 가지 원인으로 인해 일부 농민들이 고향을 등지고 떠나 본적지에 있지 않았기 때문이다. 누구는 외지에 가서 정착했고 누구는 정처 없이 떠도는 유민이 되었는데, 전자는 국가 재정의 유실을 초래했고 후자는 사회 불안의 요소로 작용했다. 이에 따라 경제적 관점에서든, 정치적 관점에서든 그들을 다시 호적 관리 체제 안에 편입시켜야만 했다.

현종은 우문융의 제안을 받아들이고 그를 특사로 임명해 전문적으로 그 일을 처리하게 했다. 우문융은 역시 기대를 저버리지 않았다. 부단한 노력과 정책 조정(일례로 자진 신고하는 호구는 6년간 세금을 면제해주었다)을 통해 그 일을 성공적으로 완수했다. 3년 반 뒤, 80만이 넘는 농가 호구와 이에 상응하는 전답이 장부에 등록되었는데 이는 제국 총인구의 12퍼센트에 달했다. 황제는 대단히 만족해서 우문융을 감찰부 차관으로 임명하고 나중에는 또 재무부 차관을 겸임하게 했다.[33]

그런데 반대의 목소리가 계속 들려왔다.

반대에는 경제적 원인과 정치적 원인이 있었다. 사실 타지로 이주한 **042**

---

**33** 『자치통감』 212권 개원 12년 8월 항목과 데니스 트위칫, 『케임브리지 중국사-수당편』 참고.

농가가 그 전에 탈세를 할 수 있었던 것은 현지의 토호에 의존했기 때문이었다. 그 토호들은 보통 제국의 관리나 그들의 가문이었다. 그래서 우문융의 행동은 그들의 이익에 해를 끼쳤으며 더군다나 그들은 관을 배경으로 갖고 있었다.

정치적 원인은 우문융과 그의 부하들이 특권을 누린 데 있었다. 황제의 특파원이었기 때문에 그들은 제국의 관료 체제 밖에서 독자적으로 활동하면서 국가의 통제를 받지 않는 특수한 집단을 형성했다. 우문융은 또 흠차대신欽差大臣을 자처하며 가는 곳마다 남녀노소를 소집해 황명을 알리고 갖가지 우대 정책을 펴면서 그들이 감지덕지하거나 대성통곡하는 것을 흐뭇하게 감상하곤 했다.

이에 천하를 순시할 때면 우문융과 그의 부하들은 움직이는 중앙정부로 변했다. 각급 지방 관리들은 그들의 특권을 두려워하여 크고 작은 정무를 우문융에게 먼저 다 보고하고 그다음에야 중서성에 보고했다. 죄수가 사형 판결을 받아도 우문융이 허락하지 않으면 감히 지방관 마음대로 형을 집행하지 못했다.[34]

이는 정상적인 행정 관리 질서를 어지럽히고 제국의 관료 집단에 위협이 됨으로써 필연적으로 관리들의 집단적인 공격을 초래했다. 더욱이 그들의 공격은 이론적으로 국가 제도와 인격의 존엄을 수호하는 것이기도 했다. 어쨌든 중앙집권의 제국은 정치가 통일적으로 이뤄지지 않으면 곤란했다. 주州와 현縣의 장관이 특사의 명령에 따라서는 안 되

---

**34** 이상은 두 『당서』의 「우문융전」과 『자치통감』 212권 개원 12년 8월 항목 그리고 데니스 트위칫, 『케임브리지 중국사-수당편』 참고.

었다.

반대파의 리더는 장열이었다.

장열은 우문융이 특사를 맡고 나서 반년 뒤에 재상으로 복귀했다. 먼저 맡은 직무는 병부상서 겸 동중서문하삼품이었으며 1년 반 뒤에 수상인 중서령이 되었다. 장열의 복귀는 현종의 집권 이념과 기본 국책의 조정을 나타낸다고 보통 이야기되는데, 본래 그가 요숭의 숙적이었기 때문이다.

요숭이 장열을 싫어한 데에는 이유가 있었다. 무측천의 중신이었던 요숭은 적인걸狄仁傑과 마찬가지로 실질에 힘쓸 것을 주장했고 글 장난과 과장된 언사를 혐오했다. 더구나 장열은 표리부동하다는 의심을 받았다. 옛 역사에서는 만약 송경 등이 경고하지 않았다면 과거에 장열이 장창종을 도와 위증했을 수도 있다고 말한다. 장열은 심지어 관련 역사 기록을 몰래 고치려 하다가 사관에게 거절당했다고도 한다.[35]

하지만 현종은 장열의 글재주를 마음에 들어 하여 그를 "당대의 사표師表이며 일대의 문호다"라고까지 표현했다. 이런 사람을 수상으로 기용한 것은 현종이 실질을 추구하던 것을 멈추고 성과를 과시하는 쪽으로 바뀌었음을 보여준다. 그렇다. 예의를 제정하려면 당대의 사표가 필요하고 태평성대를 선전하려면 일대의 문호가 필요하므로 장열은 그 나름대로 맡을 역할이 있었던 것이다.[36]

더구나 장열은 결코 구체적인 일은 안 하고 탁상공론에만 매달리지

---

**35** 두 『당서』의 「송경전」에는 장열이 송경의 훈계 때문에 증언할 때 사실을 이야기했다고 나와 있다. 그리고 장열이 『측천실록』의 역사 기록을 고치라고 요구한 것은 『자치통감』 212권 개원 9년 12월 항목에 나와 있다.

**36** 이 관점은 쉬다오쉰許道勳·자오커야오趙克堯의 『당현종전唐玄宗傳』에서 가져왔다. 장열에 대한 당 현종의 평가는 『전당문』 22권 「명장열겸중서령제命張說兼中書令制」 참고.

는 않았다. 병력 20만 명을 감축하고 병제兵制를 개혁한 것은 그의 작품이었다. 당시 현종은 병력을 감축할 수 있다는 것을 감히 믿지 못했지만 장열은 이렇게 설득했다.

"신은 오래 변경에 있어서 그쪽 일을 잘 압니다. 장수들이 군비를 확장하는 것은 전쟁을 대비하기 위해서가 아니라 스스로 배를 불리기 위해서입니다. 더구나 병사는 숫자보다 정예한 것이 중요하며 장수는 용기보다 지략이 중요합니다. 폐하가 마음이 안 놓이신다면 신이 온 가족의 생명을 걸고 보증하겠습니다."

결국 변방의 군대를 60만 명에서 40만 명으로 3분의 1이나 줄였다.[37]

더 큰 일은 정사당을 중서문하로 바꾼 것이었다.

이는 그저 이름만 바꾼 것이 아니라 제도를 바꾼 것이었다. 이름을 바꾼 뒤 도장도 바꿨기 때문이다. 본래는 정사당의 도장을 썼지만 이제는 중서문하의 도장을 썼다. 정사당은 회의여서 날인 후의 문서는 단지 회의 기록일 수밖에 없었다. 하지만 중서문하는 기구여서 정부 공문이 만들어졌다. 이 두 가지는 전혀 달랐다.

다른 영역에서도 당연히 변화가 생겼다. 과거에 재상들이 회의하던 곳은 처음에는 문하성에 있었고 나중에는 중서성에 있었다. 그런데 이제는 정규 관청이 생겼을 뿐만 아니라, 5개 하부 사무 기구까지 설치되었다. 요즘 말로 하면 국무회의가 국무원으로 탈바꿈한 셈이었다. 이와

045

---

**37** 두 『당서』의 「장열전」과 『자치통감』 212권 개원 10년 8월 항목 참고.

상응하여 본래의 집단 책임제도 개인 책임제로, 심지어 수상의 독단적 운영으로 변화했다.[38]

훗날 한 명의 재상이 조정을 십수 년간 좌지우지할 수 있었던 원인 중 하나가 여기에 있었다.

물론 이에 대한 책임을 장열 한 사람에게 돌릴 수는 없다. 권력의 집 중화는 이미 요숭 시대에 시작된 추세이자 정책이었기 때문이다. 그러 나 장열이 재상의 지위를 높이고 권력을 강화함으로써 다른 사람이 관 여할 공간을 없애버렸다는 것은 부정할 수 없다. 나아가 과거시험 출신 의 관료이자 문단의 리더로서 그는 우문융처럼 세습한 특권에 의지해 관리가 된 북주北周 황실의 후예와, 학문도 글솜씨도 없는 다른 실무파 관리들을 멸시했다. 결국 그들의 갈등은 화해를 보지 못하고 승부를 가려야 하는 지경에 이르렀다.

---

38   정사당에서 중서문하로의 변화는 『자치통감』 212권 개원 11년 항목과 호삼성胡三省 주 참고.

# 장열의 실각

개원 14년(726) 4월 4일, 중서령 장열의 관저가 돌연 금위군禁衛軍에게 포위되고 그 본인과 식솔이 붙잡혀 투옥되었다. 우문융을 비롯한 어사 대의 장·차관 세 명이 연명으로 장열을 탄핵했기 때문이다. 그들이 제 시한 장열의 죄목은 국가 안전 침해와 뇌물 수수 그리고 사치스러운 생활이었다. 그중에서 가장 심각하면서도 예민하게 현종의 신경을 건 드린 것은 그가 사적으로 점성술사를 불러 천문 현상을 살핀 것이었 다.[39]

황제 폐하의 용안이 분노로 일그러졌다.

사실 장열은 이런 날이 올 줄 미리 예상하고 있었다. 그 세 명의 장·차 관은 그의 숙적이었기 때문이다. 감찰 기관인 어사대가 적대 세력에게 장악된 것은 당연히 매우 심각한 일이었다. 게다가 당시 누가 그에게 "우문융은 재정에 밝아 황상의 지지를 받으니 너무 심기를 상하게 하

**39**　『신당서』「장열전」과 『자치통감』 213권 개원 14년 4월 항목 참고.

면 안 됩니다"라고 경고한 적도 있었다. 하지만 장열은 대수롭지 않다는 듯이 "그런 쥐새끼 같은 자가 뭘 할 수 있겠나?"라고 답했다. 그래서 이후에도 계속 우문융과 곳곳에서 대립각을 세웠다.[40]

그 결과 어떻게 되었을까? 그 자신이 만인의 지탄을 받는 쥐새끼 신세가 되고 말았다.

어떻게 보면 장열이 그렇게 된 것은 자업자득이었다. 그가 심기를 상하게 한 사람은 우문융 한 명이 아닌 대다수였기 때문이다. 몇 달 전 장열은 반대파를 다 배제한 채 봉선封禪 의식의 사무를 독점함으로써 상과 작위를 받는 인원을 전부 자기 사람으로 채웠다. 이로 인해 여러 사람의 분노를 샀고 이 틈을 타 우문융이 그의 등에 비수를 찌른 것이었다.

다행히 어느 환관이 장열을 구해주었다.

그 환관은 바로 이백의 신발 시중을 들어준 것으로 알려진 고역사高力士였다. 그때 당 현종은 고역사를 감옥에 보내 상황을 살피고 오라고 했다. 그는 돌아와서 이렇게 아뢰었다.

"장열은 봉두난발로 거적 위에 앉아 불안하게 죄를 기다리고 있고 가족은 질항아리에 밥과 물을 담아 먹고 있습니다."

현종은 마음이 약해졌다. 이에 고역사가 또 말했다.

"장열은 폐하께 충성을 다하는 데다 세운 공도 적지 않습니다."

현종도 당연히 그 점을 알고 있었다. 사건 심리의 결과에서도 사적 **048**

으로 점성술사를 불러 천문 현상을 살핀 것은 부하의 소행이었고 장열은 내막을 몰라 기껏해야 지휘 책임만 있다는 것이 밝혀졌다. 이에 현종은 장열을 어사대에서 석방했으며 그가 3년 2개월간 맡아온 중서령의 직무만 해제하고 다른 대우는 종전과 똑같이 유지했다.[41]

그러나 우문융의 정치 생명은 짧았다. 장열을 실각시킨 지 3년 뒤인 개원 17년(729) 6월에 재상급인 '동중서문하평장사'가 되긴 했지만 9월에 바로 자사로 좌천당했다. 재상을 맡은 지 99일 만의 일이어서 역사에서는 '백일재상'이라 칭했다.

그 원인도 역시 여러 사람의 분노를 샀기 때문이었다.

그런데 우문융이 조정을 떠나자마자 다시 제국의 재정이 문제로 떠올랐다. 이에 현종은 화가 나서 그 반대파 대신들에게 따져 물었다.

"그대들이 하도 우문융을 나쁘다 해서 짐은 그대들의 의견을 따랐는데 이렇게 쓸 돈이 바닥나버렸네. 이제 그대들은 무슨 방법이 있는가?"

당연히 그런 게 있을 턱이 없었다. 반대파는 그저 줄기차게 우문융을 공격해 자신들이 옳다고 증명하는 수밖에 없었다. 그래서 우문융의 문제가 계속 폭로되었다. 우선은 수뢰였고 그다음은 횡령이었다. 그 불운한 인물은 그렇게 연달아 비난을 받다가 마지막에 유배길에서 병으로 죽었다.[42]

이렇게 별종 한 명이 제거되었고 이제 또 다른 별종의 차례가 왔다.

**049** 그 별종의 이름은 왕모중王毛仲이었다. 고구려 유민인 그는 당 현종이

---

**41** 두 『당서』의 「장열전」과 『자치통감』 213권 개원 14년 4월 항목 참고.
**42** 이상은 두 『당서』의 「우문융전」과 『자치통감』 213권 개원 17년 6월부터 10월 항목 참고.

황자일 때 저택의 노비였고 태평공주 세력을 분쇄할 때 공을 세워 현종 황제를 지키는 금위군의 수장이 되었다. 또 나중에는 군대를 잘 통솔해 개부의동삼사의 명예 직함을 받아서 요숭, 송경과 동일한 정치적 대우를 누렸다.

그 당시 왕모중은 실로 황제의 은총을 듬뿍 받았다고 할 수 있다. 딸을 시집보낼 때조차 황제가 도와줄 게 없느냐고 친히 물어볼 정도였다.

"빠짐없이 준비되었는데 손님이 모자랍니다."

"장열 같은 부류는 부르면 올 것이다."

"초대해도 안 올 사람이 있습니다."

"송경을 말하는 게냐? 짐이 초대하마."

이튿날, 과연 송경이 식장에 왔다. 비록 술은 반 잔밖에 안 마셨지만.[43]

그래도 왕모중은 한껏 체면이 섰다.

소인이 뜻을 이루면 방자해지는데 왕모중도 예외가 아니었다. 그는 안하무인이었으며 특히 환관을 경멸했다. 아마도 그가 보기에 환관은 남자도 여자도 아니고 아예 사람 축에도 들지 못해 대장군인 자신과는 말도 섞지 못하는 존재였던 것 같다.

하지만 왕모중은 환관에 의해 죄를 뒤집어썼다.

개원 18년(780)의 어느 날, 왕모중은 아들을 얻었다. 당 현종은 고역사를 보내 축하해주고 그 아기를 5품 관리로 봉했다. 고역사가 궁에 돌 **050**

---

**43** 『자치통감』 212권 개원 13년 12월 항목 참고.

아오자 황제는 흥미진진해하며 물었다.

"어떻더냐? 모중이 기뻐하더냐?"

고역사가 답했다.

"왕모중이 말하길, 자기 아기가 3품이 되기에 모자라냐고 했습니다."

현종은 대로했다.

사실 왕모중의 그 말은 고역사에게 모욕을 주고 환관이 총애받는 것에 대한 불만을 토로하기 위한 것이었다. 고역사의 관등이 바로 3품이었기 때문이다. 그가 아이를 안고 나와 고역사에게 보여주면서 했던 말의 저의는 바로 이랬다.

"이렇게 온몸이 멀쩡한 내 아들도 겨우 5품인데, 자식도 못 낳는 너란 녀석이 무슨 까닭으로 3품인 게냐?"

당 현종은 왕모중이 왜 그런 화풀이를 했는지 알 것 같았다. 얼마 전 병부상서 자리를 달라는 그의 요구를 자기가 거절했기 때문이었다. 고역사가 이 기회를 틈타 넌지시 말했다.

"북문의 노비들이 기세가 너무 등등하고 진작부터 무리를 결성했으니 아무래도 장기적인 계책은 아닌 듯합니다."

북문은 곧 현무문玄武門으로 쿠데타가 자주 일어났던 곳이다. 당 현종은 왕모중 같은 집안 노비들을 북문 금위군의 장수로 배치해 집 지키는 개처럼 활용했다. 그러나 개가 주인에게 이를 드러내면 죽이지 않을 수 없다. 황제는 왕모중의 병권을 박탈한 후 사약을 내려 자결하게

했다.[44]

장열은 그래도 영리했다. 중서령에서 해임된 지 10개월 뒤 상서성 차관의 신분으로 퇴직해 오직 학술 연구에만 전념했다. 그 성과로『대연력大衍曆』『개원례開元禮』등을 남겼다. 송경도 시비의 중심에서 벗어나 퇴임 후 낙양에 가서 살았다. 그들 두 사람은 제명을 다 누리고 죽었다.

조정도 조용해졌다.

사실 장열이 재상을 그만둔 후로는 조정에서 무슨 뚜렷한 성과가 잘 나오지 않았다. 이는 인재가 드물어서이기도 했고 또 현종이 당쟁을 혐오했기 때문이었다. 그는 차라리 재상의 능력이 좀 떨어지고 명성이 낮은 것을 선호했으며 그들이 성공하는 것도 바라지 않았다.

하지만 나무가 잠잠하려고 해도 바람은 그치지 않으며 재상들이 다투고 안 다투고는 능력과는 무관하다. 그 후로 몇 년간 재상 그룹은 빈번히 교체되었지만 단 한 번도 화합을 이루지 못했다. 이에 황제는 귀찮아서 견딜 수가 없었다. 개원 21년(733) 3월에 중서령 소숭蕭嵩이 한휴韓休를 추천해 자기 파트너로 삼은 다음에야 다들 한숨 돌려도 되겠다는 생각이 들었다.

하지만 그 두 사람도 잘 지내지는 못했다.

소숭은 사실 한휴를 잘 몰랐다. 그가 한휴를 추천한 것은 한휴의 사람됨이 온화하다고 생각했기 때문인데 알고 보니 외유내강형이었다. 당

**052**

---

**44**  이상은『신당서』「왕모중전」과『자치통감』213권 개원 18년 항목과 개원 19년 정월 항목 그리고 『구당서』「왕모중전」참고.

시 현종이 현위縣尉 한 명을 유배 보내려고 할 때 신임 재상 한휴가 끼어들어 말했다.

"그 범인은 큰 악인은 아닙니다. 폐하는 큰 악인을 잡고 작은 악인은 놓아주십시오. 금오金吾대장군이 뇌물을 받고 법을 어기는 바람에 백성의 원성을 사서 문제가 더 심각합니다. 청컨대 먼저 장군을 처분한 다음에 그 현위를 처분하십시오."

현종이 동의하지 않자, 한휴는 또 말했다.

"폐하가 파리만 잡고 호랑이는 가만 놔두시니 신은 감히 명을 받들지 못하겠나이다."

현종은 할 수 없이 동의했다.

이 일로 인해 사람들은 한휴를 다시 보았다. 2선으로 물러난 송경도 이렇게 말했다.

"놀랍게도 한휴가 그랬다니, 인자仁者의 용기로다!"[45]

현종은 한휴를 조심스레 대했으며 심지어 두려워했다. 기록에 따르면 황제는 스스로 조금만 예의를 어겨도 좌우를 살피며 "한휴가 눈치챘느냐?"라고 물었다고 한다. 더 과장된 견해에 따르면 그 말이 떨어지자마자 한휴의 의견서가 어전에 당도했다고 한다.

뭐든 마음대로 할 수 없게 된 황제는 거울을 마주한 채 한숨을 쉬었다. 이에 옆에 있던 사람이 물었다.

**053** "한휴가 재상이 된 후로 폐하께서는 많이 수척해지셨고 하루도 마

---

**45** 두 『당서』의 「한휴전」 참고.

음 편한 날이 없으십니다. 왜 그를 파면하지 않으십니까?"

현종은 말했다.

"짐은 수척해졌지만 백성은 살이 쪘지 않느냐. 소숭은 내 뜻을 따르지만 짐은 퇴청한 후 잠을 이루지 못한다. 그런데 한휴는 늘 반박을 하는데도 짐은 단잠을 잔다. 짐이 한휴를 쓰는 것은 내 자신을 위해서가 아니라 이 나라 사직을 위해서다!"[46]

그 당시 당현종은 정말로 어리석은 구석이 없었다.

그러나 소숭은 참으려야 참을 수가 없었다. 한휴 그 괴팍한 자를 도저히 더 봐줄 수 없었고 또 그가 조회 때 이치를 내세워 사람을 몰아붙이는 것도 더 봐줄 수가 없어서 황제에게 퇴직을 신청했다.

현종이 물었다.

"짐이 그대를 성가시게 하지도 않는데 왜 떠나려고 하는가?"

"지금 떠나야 늦지 않습니다. 폐하가 성가시게 할 때가 되면 신은 머리조차 보전하지 못할 겁니다."

말을 마치고 그는 눈물을 철철 흘렸다.

현종은 무슨 일인지 이해했다. 그가 택한 방법은 예전과 같았다. 재상끼리 불화하면 동시에 파면하는 것이었다. 그래서 소숭은 상서성 차관으로 돌리고 한휴는 공부상서工部尚書로 돌렸다. 이제 새 재상 중 한 명은 경조윤京兆尹 배요경裵耀卿으로 문하성 차관에 임명되었으며 다른 한 명은 장열의 후계자인 장구령張九齡으로 중서성 차관에 임명 **054**

46 『신당서』「한휴전」과 『자치통감』213권 개원 21년 3월 항목 참고.

되었다.[47]

　새로운 막이 또 오를 예정이었다. 우선 전주곡이 필요하기는 했지만.

---

**47**　이상은 『자치통감』 213권 개원 21년 10월 항목 참고.

제2장

# 잠재된 위기

거의 누구도 생각하지 못했다.
양귀비가 동그란 쪽을 틀고 앙증맞은 가죽신을 신고서 나풀나풀 춤을 출 때,
겉만 번지르르한 제국이 어느새 아슬아슬한 지경에 이르렀음을.

# 난관에 부딪친 장구령

장구령은 상중에 임명을 받았다.

　그것은 대단한 신뢰와 혜택이었다. 제국은 효로 천하를 다스렸으므로 만부득이한 경우가 아니면 관리는 상중에 반드시 영전을 지켜야 했다. 그래서 장구령은 상을 다 치른 뒤 취임하겠다고 했지만 현종은 이를 거절했다. 그뿐만 아니라 황제는 장구령이 도읍에 온 지 5개월 뒤, 그와 배요경을 각기 중서령과 문하시중으로 발탁해 두 성의 장관이 동시에 재직하는 재상 그룹을 꾸렸다.

　장구령은 감지덕지해 황제에게 충성을 다하기로 결심했다.

　현종 황제도 만족스러워했다. 그렇다. "바다 위에 밝은 달 떠오르니, 세상 끝에서도 이때를 함께하겠지海上生明月, 天涯共此時"라는 명구를 지은 장구령은 유명한 인재로서 13세에 이미 글솜씨가 남달라 과거시험에서 단번에 진사 급제를 했고 문단의 영수였던 장열에게 찬사를 들었다.

더욱이 그는 풍모까지 수려하고 멋스러워서 현종은 매번 인재를 선발할 때마다 "장구령과 비슷한가?"라고 묻곤 했다.[1]

배요경도 만만치 않았다. 오랫동안 제국을 곤란하게 했던 식량 문제가 그가 전운사轉運使로 일하던 기간에 해결되었다. 기록에 의하면 3년 동안 700만 석의 식량을 비축하고 30만 관貫의 운송비를 절약했다고 한다. 누군가 이 성과를 조정에 보고하자고 건의했지만 배요경은 고개를 흔들었다.

"본래 국가의 돈이거늘 어떻게 그것으로 명예를 구하겠느냐?"[2]

훌륭했다! 장구령에게는 글솜씨가 있었고 배요경에게는 관리 능력이 있었던 데다 서로 장점을 취하고 단점은 보완하면서 상대방과 사적인 은원 관계도 전혀 없었으니 실로 환상의 한 팀이었다.

하지만 안타깝게도 그들 역시 단명한 팀이 될 줄은 아무도 몰랐다. 개원 24년(736) 11월, 배요경과 장구령은 동시에 파면당해 각기 상서성 차관인 좌·우승상으로 직책이 바뀌었다. 그때까지 그들이 시중과 중서령으로 일한 기간은 고작 2년 반에 불과했다. 우선 '동중서문하평장사'의 직함으로 재상직을 시작한 기간까지 다 합쳐도 겨우 3년이었다.

그 일은 이임보李林甫의 농간 때문이었다고 알려져 있다.

'간사한 재상姦相'으로 역사책에 이름이 올라가 있는 이임보는 장구령과 배요경이 중서성과 문하성의 장관으로 임명될 때 동시에 예부상서와 동중서문하평장사를 맡았다. 직권을 따지면 그는 결코 그 두 명

---

1 두 『당서』의 「장구령전」 참고.
2 두 『당서』의 「배요경전」과 『구당서』 「식화지하食貨志下」 그리고 『자치통감』 214권 개원 22년 7월, 8월 항목 참고.

의 당연직 재상과 다툴 수 없었다. 출신을 따지면 황실의 먼 친척이었던 덕분에 관계 진출을 한 터라 역시 대다수 과거시험 출신 관리들과는 달랐다. 하지만 이임보는 영리해서 장구령 앞에서는 머리가 모자란 척했고 현종 앞에서는 아양을 떨었다. 그 결과, 두 사람은 그에게 속아 넘어가 경계를 풀었다.

사실 이임보는 예사로운 인물이 아니었다. 과거에 장열에게 우문융을 조심해야 한다고 일깨운 사람이 장구령이었던 것처럼 우문융과 함께 연명으로 장열을 탄핵했던 어사대의 차관이 또 이임보였다. 따라서 장구령이 어떤 의미에서 장열의 후계자였던 것처럼 이임보도 우문융의 의발을 계승했다고 말할 수 있다.

단지 이임보는 더 교활했고 장구령은 더 진부했을 뿐이다.

장구령의 진부함은 그가 막 동중서문하평장사를 맡았을 때 드러났다. 그는 국가가 화폐 발행을 독점하는 것을 포기하고 민간의 동전 주조를 허용하자고 제안했다. 서생티가 물씬 나는 이 제안은 즉시 배요경 등의 강력한 반대에 부딪혀 수포로 돌아갔고 장구령의 비현실적인 면모만 폭로되었다.

이어서 또 다른 사건이 일어났다.

그 사건은 의외로 단순했다. 두 사람이 감찰관 한 명을 죽였다. 자신들의 아버지가 억울하게 죽은 것에 대해 그 감찰관이 책임을 져야 한다고 생각했기 때문이다. 혈육을 위한 이런 복수는 오랜 전통 때문에

**061**

민간에서는 정당하다고 여겨졌다. 아버지를 죽인 원수와 아내를 빼앗 긴 한은 반드시 되갚아야 하고 안 그러면 사내대장부가 아니라고들 생 각했다. 더구나 제국은 효로 천하를 다스렸기에 효자는 사형으로 다스 리지 않았다.

그래서 장구령은 죄를 면제해주자고 주장했다.

그러나 배요경과 이임보는 법 집행에 사정을 두어서는 안 된다는 입 장이었고 현종도 이 일을 선례로 만들면 안 된다고 생각했다. 그는 칙 서에서 다음과 같이 말했다.

"국가는 본래 살인을 금지하기 위해 법률을 제정했다. 만약 모두가 사적으로 복수를 할 수 있다면 묻건대 하늘 아래 효자 아닌 사람이 또 누가 있겠는가? 그렇게 서로 원수를 갚으며 악순환이 이어진다면 또 언제 끝이 나겠는가?"

이에 현종은 그 두 사람을 죽이라고 명했지만 형 집행 후 여론이 들 끓었다. 민간의 인사들이 돈을 모아 두 효자를 안장했으며 애도를 표 하는 시문이 곳곳에 전했다.[3]

이 일이 장구령의 벼슬길에 어떤 영향을 끼쳤는지는 단정하기 어렵 지만 그와 현종의 생각이 다르다는 것은 기정사실이 되었다. 사실 한 두 달 전에도 장구령은 어떤 임명 건 때문에 황제와 크게 충돌한 적이 있었다.

그 일도 단순했다. 한 장수가 거란을 무찌르고 거란 왕의 수급을 도 **062**

---

3  『구당서』 188권과 『자치통감』 214권 개원 23년 3월 항목 참고.

읍으로 보내와 여러 해 답답했던 황제의 기분을 시원하게 바꿔주었다. 그래서 현종은 그를 재상으로 임명하자고 제안했다.

하지만 장구령의 생각은 달랐다.

"재상의 직위를 상품으로 삼으면 안 됩니다."

"정무와는 상관없이 명의만 주는 것은 괜찮지 않은가?"

"명의도 아무렇게나 줘서는 안 됩니다. 거란을 무찔렀다고 재상이 되면 장차 돌궐을 멸한 자에게는 또 무슨 상을 줘야 합니까?"

현종은 한동안 말문이 막혀 아무 말도 하지 못했다.[4]

1년여 뒤, 장구령과 현종은 또 충돌했다. 원인은 또 관리 임명이었다. 이번에 황제가 승진시키려 한 사람은 하서절도사河西節度使 우선객牛仙客이었다. 그가 지출을 줄이고 성실히 일한 덕에 지역 내 군사력이 강해지고 기상이 새로워졌기 때문이다. 현종은 바로 그런 인재가 필요했으므로 그에게 상서의 직함을 추가로 부여하자고 했다.

장구령은 이번에도 반대했다.

사실 장구령은 우선객에게 개인적인 감정은 없었다. 반대한 이유는 단지 그가 보기에 재상과 상서는 자신과 같은 사대부가 맡아야지, 지방에서 오래 일한 기층 간부, 특히 군인이 맡아서는 안 되기 때문이었다. 그래서 그는 대단히 오만하게 말했다.

"우선객이 상서가 된다면 그것은 우리 조정의 수치입니다."

현종은 어쩔 수 없이 한걸음 물러섰다.

---

4 『신당서』「장구령전」과 『자치통감』 214권 개원 23년 정월 항목 참고.

"작위를 주는 것은 괜찮겠지?"

"그것도 안 됩니다. 작위는 공신을 장려하기 위한 것입니다. 우선객은 단지 맡은 바 일을 잘했을 뿐인데 무슨 공로가 있단 말입니까? 폐하께서 정 그를 장려하시겠다면 금은보화나 조금 하사하시면 될 듯합니다."

황제는 더는 참을 수 없어 안색이 싹 바뀌었다.

"하늘 아래 모든 일을 설마 자네가 다 결정하려는가?"

장구령이 무릎을 꿇고 말했다.

"신이 어리석어 감히 사실을 말하지 않을 수 없습니다."

현종은 코웃음을 쳤다.

"자네는 말끝마다 자격을 따지고 출신이 보잘것없다는 이유로 우선객을 싫어하는데, 그러는 자네는 출신이 어떠한가?"

"우선객은 중원에서 태어나 화하華夏의 정통 핏줄이므로 영남嶺南(지금의 광둥성 지역) 변두리의 야인인 신보다는 확실히 낫습니다. 그러나 신은 어쨌든 조정에서 오랫동안 일한 반면, 우선객은 변경의 소리小吏로서 머릿속에 든 것도 없는데 어찌 중책을 맡을 수 있겠습니까?"

현종은 그가 얄밉기 그지없었다.[5]

이때 현종은 사실 화가 날 만도 했다. 그전에 낙양에서 장안으로 환도하는 문제 때문에 장구령과 매우 불쾌한 일이 있었기 때문이다. 현종은 최대한 빨리 돌아가기를 바랐지만 장구령은 마침 추수철이라는 이유로 입동까지 기다리자고 고집했다. 이때 이임보가 몰래 황제에게 **064**

---

5 이상은 『구당서』 「이임보전」과 『신당서』 「장구령전」 그리고 『자치통감』 214권 개원 24년 10월 항목 참고.

말했다.

"장안과 낙양은 폐하의 서쪽 궁궐과 동쪽 궁궐일 따름인데 가시고 싶을 때 가시면 되는 것이지 날짜를 고를 필요가 있습니까?"

우선객에게 상을 주는 일도 현종의 뜻대로 풀렸다. 마찬가지로 이임보가 몰래 황제에게 이런 말을 했기 때문이다.

"능력만 있다면 굳이 많이 알고 글에 능할 필요가 있습니까? 더구나 인재 등용은 천자의 권한입니다. 천자가 누구를 쓰고 싶으면 쓰는 겁니다. 누구를 쓰든 무슨 상관입니까?"[6]

현종은 기분이 좋아졌다.

하늘도 이임보를 도와주는 듯했다. 낙양을 떠나는 날, 장안에 지진이 일어났다. 이에 현종은 두 도읍의 그해 세금을 면제해주고 지나가는 지역의 지방관들을 선발해 상을 주었다. 그래서 가는 내내 황제의 덕을 기리는 소리가 끊이지 않았다.

더 공교로웠던 일은 장안에 돌아온 지 얼마 안 돼서 낙양에도 지진이 일어난 것이었다. 이로 인해 현종은 자신과 이임보의 결정이 옳았다는 생각이 들었다. 게다가 '천인합일天人合一'의 이념에 따르면 지진은 재상의 부적격을 의미했으므로 당연히 재상을 파면해야만 했다.[7]

그러나 장구령은 자기가 위험에 처한지도 모르고 계속 자기 방식대로 처신했다. 그 결과, 어떤 사건에 연루된 관리를 변호하다가 죄인들과 결탁해 사리사욕을 꾀했다는 혐의를 받았다. 더군다나 태자를 폐하

065

6  이상은 모두 『신당서』 「이임보전」과 『자치통감』 214권 개원 24년 10월 항목 참고.
7  『신당서』 「현종기」 참고.

고 세우는 문제를 두고서 현종과 의견이 엇갈리는 바람에 마침내 현종은 이 걸림돌을 치우기로 결심하고 그와 배요경을 함께 파면했다.[8]

사태를 조장한 사람은 당연히 이번에도 이임보였다.

사실 장구령은 권력을 다툴 마음이 전혀 없었다. 심지어 「영연詠燕」이라는 제목의 시를 써서 이임보에게 선물하기까지 했다. 그 시에서 장구령은 제비의 입을 빌려 자신의 심정을 표현했다.

"남과 이득을 다툴 마음 없으니, 매는 나를 시기하지 마라無心與物競, 鷹隼莫相猜."[9]

안타깝게도 매는 제비가 다툴 마음이 없다고 해서 가만 놔둘 리가 없다. 이임보는 대권을 독차지할 생각이었으므로 장구령과 배요경을 놓아줄 리 없었다. 이에 장구령과 결탁한 적이 없는 배요경도 덩달아 피해를 입었다. 기록에 따르면 파면이 발표되었을 때 그 두 전임 재상은 비분으로 말문이 막혔고 이임보는 득의양양했으며 방관자들은 뒤에서 "한 번에 두 마리 토끼를 잡았군그래"라고 귓속말을 나눴다고 한다.[10]

이임보는 웃었다. 음산하고 차가운 웃음이었다.

---

8  『자치통감』 214권 개원 24년 11월 항목 종술綜述 참고.

9  장구령, 「귀연시歸燕詩」 참고.

10  『신당서』 「이임보전」과 정처회鄭處誨, 『명황잡록明皇雜錄』 하권 참고.

# 이임보가 권력을 휘두르다

이임보가 빙그레 웃으며 모두를 바라보는데 우는 것보다 더 꼴사나웠다.

그때는 개원 24년(736) 연말이었다. 11월, 장구령과 배요경이 동시에 파면되고 이임보가 장구령을 대신해 중서령이 되었으며 또 우선객이 공부상서 겸 동중서문하삼품이 되었다. 배요경이 떠난 시중 자리가 공석이어서 재상 그룹은 3명에서 2명으로 줄었고 이임보가 명실상부한 수상이 되었다.

새 수상은 첫 번째 업무로 간관들을 소집해 훈화를 했다. 우리는 조정에 간관을 둔 취지가 다양한 의견을 제시하게 하는 데 있음을 알고 있다. 하지만 수상이 그들에게 추천한 본보기는 궁궐 의장대의 입장마立仗馬였다. 그 크고 우람한 준마들은 아름답기는 했지만 아무 소리도 내지 않고 궁전 앞에 서 있는 것이 유일한 임무였다. 이에 이임보는 말했다.

"다들 그 말들을 봤겠지? 모두 3품의 대우를 받고 있지. 하지만 멋대로 소리를 내면 모든 걸 잃고 마네. 지금 우리 황상은 세상에서 가장 현명하신데 자네들이 여러 말 할 필요가 있는가? 입장마처럼 처신할지 안 할지는 다들 알아서 하도록 하게."

그 후로는 조회에서 더 이상 반대의 목소리가 나오지 않았다고 한다.[11]

이 일의 진위를 판별하기는 어렵다. 이임보가 역사에서 악마화되었기 때문이다. 후대 사람들은 심지어 그의 사람됨에 관해, 말은 달콤한데 배 속에 칼이 담겼다고 평하여 이른바 '구밀복검口蜜腹劍'이라는 사자성어를 낳았다. 하지만 그가 거꾸러뜨린 장구령과 배요경을 비롯한 그의 동료들이 그런 말을 한 적은 없기 때문에 마찬가지로 신빙성이 부족하다.[12]

그래도 확실한 것은 그가 가장 오래 재상으로 일했다는 사실이다. 그전의 재상들은 일반적으로 3년, 가장 길게는 9년 5개월 동안 자리를 지켰다. 오직 이임보만 19년간 재직하고 16년간 독재를 했다. 이는 전무후무한 일이었다.[13]

여기에는 원인이 없을 수 없고 일리가 없을 수도 없다.

원인은 보통 두 가지로 이야기된다. 하나는 이임보의 교활함이고 다른 하나는 현종의 어리석음이다. 그런데 이임보가 교활했는지는 별도로 논할 필요가 있지만 현종은 결코 어리석지 않았다. 안사의 난 때 이

---

11  『신당서』「이임보전」과 『자치통감』 214권 개원 24년 11월 항목 참고.

12  이 이야기는 오대五代 왕인유王仁裕의 『개원천보유사開元天寶遺事』에 제일 먼저 나타나고 훗날 사마광이 받아들여 『자치통감』 215권 천보天寶 원년 3월 항목에 실음으로써 정론이 되었다. 그러나 두 『당서』에는 나오지 않아서 매우 의심스럽다.

13  이전의 주요 재상들의 재직 기간은 다음과 같다. 요숭은 3년 3개월이었고 노회신盧懷慎은 3년이 안 되었으며 송경과 소정蘇頲과 장가정張嘉貞은 모두 3년 1개월이었다. 장구령과 배요경도 3년을 못 채웠으며 장열은 4년 반, 원건요源乾曜는 9년 5개월이었다.

미 태상황이 되어 성도成都로 피난을 간 이융기는 측근과 과거의 재상들을 일일이 평하다가 이임보에 이르러 대단히 정확하게 말했다.

"자기보다 현명하고 유능한 사람에 대한 그자의 시기는 세상에서 으뜸이었지."

측근이 물었다.

"그런데도 폐하는 왜 그렇게 오래 그자를 쓰셨습니까?"

이융기는 아무 말도 하지 않았다.[14]

이 침묵은 흔히 자신의 과오에 대한 현종의 깨달음이나 이임보 시대에 그가 어리석어진 것에 대한 증거로 이해되었지만 사실은 그렇지 않다. 왜냐하면 그때의 대화에서 이융기가 역대 재상들에 대해 내린 평가가 모두 정확했고 심지어 송경에 대해서는 평가가 높지 않았기 때문이다. 그의 말을 그대로 옮기면 이렇다.

"그 사람의 강직함은 명예를 얻기 위한 수단일 뿐이었네."

이렇게 두뇌가 명석한데 어떻게 어리석다고 할 수 있는가?

결론은 역시 하나밖에 없다. 그것은 바로 이임보가 현명하고 유능한 사람을 시기한다는 것을 알면서도 현종이 그를 쓰고 또 중용했다는 것이다. 마치 그가 송경이 "강직함을 팔아 명예를 취하는" 혐의가 있다는 것을 알면서도 요직을 맡겼던 것처럼 말이다.

사실 현종은 명군으로 손색이 없었다. 그는 완벽한 사람이란 없고 누구나 장점과 단점이 있으므로 인재 등용의 관건은 인재를 알맞은

**069**

---

곳, 알맞은 때에 쓰는 것임을 알고 있었다. 집권 초에는 임기응변에 능한 요숭을 썼고, 어지러운 상황을 바로잡을 때는 법에 따라 나라를 다스린 송경을 썼고, 나라를 건설할 때는 간부를 중시한 장가정張嘉貞을 썼고, 태평성대를 이룰 때는 문장력이 뛰어난 장열을 썼다. 사람에 따라 다르게 장점을 취했던 것이다.[15]

그러면 당 현종은 이임보의 어떤 점이 마음에 들었던 것일까?

그는 분별력이 좋고 추진력도 강했다.

이임보는 확실히 분별력이 뛰어났다. 무슨 말을 해야 하고 무슨 말을 하지 말아야 하는지 잘 알았고 어떻게 말해야 하고 언제 말해야 하는지도 잘 알았다. 이런 점 때문에 교활하다고 여겨지곤 했다. 하지만 관점을 바꾸어보면 규율을 잘 이해했다고도 말할 수 있다. 규율은 중국 고대의 정치 생활에서 대단히 중요했다. 규율의 이해는 심지어 정치적 소양을 뜻하기도 했다. 이임보는 바로 이 부분에서 그야말로 천부적인 재능을 갖춰 크게 황제의 환심을 샀다.

더 중요한 것은 역임한 재상들 가운데 이임보가 당 현종의 마음과 생각을 가장 잘 읽어냈다는 사실이다. 예를 들어 그는 황제가 변경의 전쟁에 관심이 많았던 게 단지 호전적이거나 업적을 세우고 싶어서가 아니라 국제 환경 전반에 대한 총체적인 고려에서 비롯되었음을 잘 알고 있었다. 물론 강한 군대를 키우려면 나라의 부를 키우는 게 먼저라는 것도 알고 있었다. 풍부한 재정 수입으로 든든하게 뒷받침해주지 못 070

---

15 『자치통감』 214권 개원 24년 11월 항목 참고.

하면 전쟁에서 이길 수 없는 것이다. 그래서 그는 전력으로 현종의 결정을 지지하고 그것을 행동으로 옮겼다. 서생 같은 망설임과 고지식함은 일절 찾아볼 수 없었다.[16]

하지만 그렇다고 함부로 행동하지도 않았다.

이 점도 이임보의 남다른 재능이었다. 황제의 의지를 헤아리고 그것에 잘 맞추면서도 이치와 법규에 맞게 일을 해냈다. 현대 역사학자들이 지적했듯이 이임보는 똑똑하고 유능한 행정가이자 명실상부한 제도 전문가였다. 그는 전임자들보다 더 국가 조직의 효율적이고 체계적인 운행에 관심을 가졌으며 직접 프로그램을 짜고 운영했다. 그의 개혁 덕분에 행정 절차가 대폭 간소화되고 행정 비용도 대폭 절감돼서 제국과 백성 모두 부담을 덜었다.[17]

실제로 이임보는 자신의 집권 기간에 결코 반대파 배제에만 골몰한 것이 아니라 더 많은 에너지를 제도 건설 분야에 쏟았다. 그는 여러 법학자와 함께 제국의 법전을 정리, 수정하곤 했다. 이에 따라 간행된 『개원신격開元新格』과 『당육전唐六典』은 그의 법에 대한 존중과 행정 절차 합리화에 대한 결의 그리고 일사불란한 업무 방식에 대한 집착을 잘 보여준다. 그 후로 1세기 넘게 『당육전』은 가장 편리하고 가장 권위 있는 행정법의 핵심으로 기능했다.

실제 효과도 두드러졌다. 개원 25년(737), 형부刑部(치안 부서)는 이임보가 수정한 신법에 따라 사건을 심리했고 그 결과, 그해 전국의 사형수

---

**16** 펑리화彭麗華, 『안사의 난安史之亂』과 거기에 인용된 다니카와 미치오谷川道雄, 「이임보의 독재에 관하여關於所謂李林甫專政」 그리고 위안잉광袁英光·왕제윈王界雲, 「'안사의 난'의 몇 가지 문제에 관한 약론略論有關"安史之亂"的幾個問題」 참고.
**17** 이 부분과 아래 서술은 모두 데니스 트위칫, 『케임브리지 중국사-수당편』과 펑리화, 『안사의 난』 참고.

개원신격
베이징도서관에 소장돼 있는 『개원신격』 3권의 「호부戶部」

는 58명에 불과했다. 살기가 옅어지고 죄수가 감소하여 까마귀가 감옥 바깥에 둥지를 지었으며 전에는 사람이 너무 많아 탈이었던 대리사大理寺(최고 법원)도 한가해졌다. 이것은 당연히 인자한 정치의 증거로서 유가의 이상에 부합했다. 덕분에 이임보와 우선객은 현종에 의해 국공國公으로 책봉되었다.[18]

두 재상은 확실히 국공이 될 만했다. 그들이 팀을 이룬 6년은 제국

---

**18** 『구당서』「형법지刑法志」와 『신당서』「이임보전」 참고. 그런데 『신당서』는 이 상황이 사실이 아니고 대리사 장관의 '망언'이라고 여기지만 증거를 대지는 못한다.

의 안정기였다. 조정에는 당쟁이 없었고 백성은 편안히 생업에 종사했으며 시장도 번창하여 국고가 나날이 가득해졌다. 이임보가 수상이 된 지 12년이 넘은 뒤인 천보天寶 8년(749) 2월, 당 현종은 문무백관을 거느리고 금은보화가 산처럼 쌓인 창고를 참관했다. 득의양양한 기색이 그의 말과 표정에서 넘쳐 흘렀다.[19]

태평성대란 바로 이런 것을 가리키지 않을까?

이것은 당연히 하루아침에 이뤄진 일이 아니었고 한 사람이 이룬 일은 더더욱 아니었다. 하지만 당나라의 극성기가 하필 이임보의 집권기에 있었던 게 설마 단순히 우연의 결과일까? 16년간 대권을 독점하며 제도 건설과 정치 개혁을 추진한 인물이 그저 이전 사람이 심어놓은 나무에서 편안히 과실만 따 먹은 사람일 수 있을까?

아무래도 당 현종이 사람을 잘못 쓰지는 않은 듯하다.

그렇지만 현종은 자기변호를 할 밑천이 모자란다. 어쨌든 이임보는 안사의 난을 키운 책임이 있기 때문이다. 이 책임에는 간접적인 것도, 직접적인 것도 있다. 예를 들어 현종이 만년에 사치와 방탕에 빠지고 정무를 등한시하면서 충언에 귀를 닫은 것은 꼭 이임보가 일부러 부추긴 결과는 아니더라도 어느 정도는 조장한 면이 없지 않다. 하지만 직접적으로 심각한 결과를 초래한 최대의 과오는 "평민 출신의 이민족이 대장의 직책을 전횡하게" 만든 것이었다.

**073**　이것은 중대한 변혁이었다. 본 시리즈의 『수당의 정국』에서 말한 것

---

**19**　『자치통감』 216권 천보 8년 2월 항목 참고.

처럼 당나라는 본래 혼혈 왕조였기 때문에 이민족 장수가 적지 않았고 그들을 번장番將이라 불렀다. 하지만 태종 시대에 그 번장들은 대부분 귀족 출신이었다. 예컨대 돌궐의 왕자이거나 철륵鐵勒의 추장이었다. 그들은 또 전임이 아니었으며 중신重臣의 지휘 아래 임시 군사직만 맡았다. 그리고 전쟁이 끝나고 나서는 사병만 전략적 요지에 남고 그 번장들은 도읍으로 돌아와 다른 직책을 맡았다.

이임보는 당연히 번장은 두려워하지 않았다. 그가 두려워한 것은 번장을 지휘할 권한이 있는 동시에 군공軍功이 혁혁한 변방의 장수들이었다. "나가서는 장수가 되고 들어와서는 재상이 된다出將入相"는 당나라의 전통과 관례에 따르면 그들은 언제든 도읍으로 돌아와 권력의 중심부에 진입할 수 있었다. 우선객 같은 자라면 그런대로 괜찮지만 혹시나 문무를 겸비한 자가 오면 그의 좋은 시절도 끝나는 셈이었다.

이에 이임보는 자기가 수상을 맡은 지 열두 번째 되는 해에 현종에게 안건 하나를 제시했다. 그것은 평민 출신의 이민족에게 변경 각 군사 구역의 군사 장관을 맡기자는 의견이었다. 그가 밝힌 이유는 이랬다.

"문관은 죽음을 두려워하고 귀족은 작당해 사리사욕을 꾀하므로 마음이 놓이지 않습니다. 하지만 이민족은 용감하고 싸움에 능하며 게다가 평민 출신 이민족은 고립무원이므로 상대적으로 안전하고 믿을 만합니다."

**074**

당연히 마지막 한 마디는 입에 담지 않았다.

"또 붙박이 직책이니 저와 재상 자리를 다툴 리도 없지요."[20]

당 현종은 망설임 없이 동의했다. 당시 63세였던 그는 이미 30년 넘게 황제 자리에 있어서 정치에 흥이 다 식은 상태였다. 심지어 60세 되던 해에는 천하의 일을 다 이임보에게 넘기고 자기는 심신 수양이나 하겠다는 말을 꺼냈다가 고역사에게 제지당한 적도 있었다. 다만 황제의 그 생각을 가라앉힌 뒤로 고역사는 감히 함부로 황제 앞에서 조정 얘기를 꺼내지 못했다.[21]

결국 이임보가 또 뜻한 바를 이루었다. 사람들은 그 결정이 제국의 변방 군대를 반정부 무장 세력으로 변모시킬 줄은 꿈에도 몰랐다. 하마터면 왕조를 전복시킬 뻔한 안녹산安祿山이 바로 평민 출신의 이민족이었다. 당시 이임보는 어떻게 권력을 공고히 하느냐에만 관심이 있었고 당 현종은 사랑하는 여인과 온천욕을 즐기는 데만 정신이 팔려 있었다.

그렇다. 그 여인은 바로 귀비 양옥환楊玉環이었다.

---

**20** 두 『당서』의 「이임보전」과 『자치통감』 216권 천보 8년 12월 항목 참고.
**21** 『신당서』 「고역사전」과 『자치통감』 215권 천보 3년 초 항목 참고.

# 총애를 얻은 양옥환

양옥환이 당 현종의 여인이 된 것은 여산의 온천궁에서였다.

66년 뒤, 시인 백거이白居易는 민간의 전설과 예술적 상상을 바탕으로 당시 상황을 묘사했다.

"봄 날씨 차가운데 화청궁의 온천욕을 하사해주시니, 미끄러운 온천물에 희고 매끄러운 피부를 씻었네. 시중드는 아이가 부축해 일으키는데 아름답고 나른했으니, 맨 처음 새로 황제의 은총을 받은 때였네春寒賜浴華清池, 溫泉水滑洗凝脂. 侍兒扶起嬌無力, 始是新承恩澤時."

그것은 개원 28년(740) 10월의 이야기다. 따라서 양옥환이 온천욕을 하사받은 날은 날씨가 따뜻해졌다 추워졌다 할 때가 아니었다. 또 군주의 옆자리에 간택된 그녀는 결코 "깊은 규방에서 길러져 남이 알지 못하는養在深閨人未識" 여자가 아니라, 현종의 아들 수왕壽王 이모李瑁의 왕비였다. 조금 거칠게 말하면 이융기는 자신의 며느리를 강제로 차지 **076**

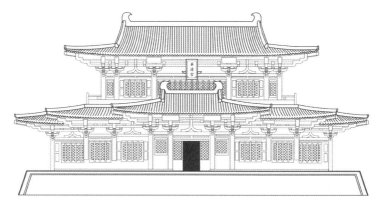

화청궁

화청궁은 당나라 제왕들이 여행 가던 별궁으로 지금의 산시陝西성 시안의 린퉁구臨潼區에 있었다.

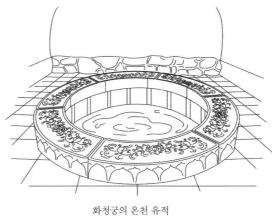

화청궁의 온천 유적

한 것이었다.[22]

더 직설적으로 말하면 그것은 패륜이었다.

이민족 혈통의 당나라 이씨 황족에게 패륜은 그리 대수로운 일이 아니었다. 태종은 동생의 아내를 차지했으며 고종은 아버지의 여자인 무미낭武媚娘을 아내로 삼았다. 하지만 그 두 여인은 과부였다. 22세의 양옥환은 현임 왕비였기에 수왕으로서는 참기 힘든 일이었다.

수왕 이모는 억지로 울분을 누를 수밖에 없었지만 한편으로는 또 다행이라는 생각이 들기도 했다. 사실 그의 처지는 줄곧 곤란했다. 그는 현종과 무혜비武惠妃의 아들이자 영왕寧王 이헌李憲의 양자였다. 과거에 무혜비가 낳은 자식들이 잇따라 요절하는 바람에 이모는 영왕의 집에 보내졌고 영왕의 원비元妃가 그를 키웠다.

영왕과 무혜비는 모두 범상치 않은 인물이었다. 전자는 현종의 큰형으로 옛날에 현종이 차지한 태자 자리는 그가 양보한 것이었다. 그래서 영왕은 죽고 나서 '양황제讓皇帝'라는 시호를 받았다. 또 후자는 무측천의 종손녀이자 현종의 총비였다. 그래서 이임보 등은 한때 이모를 태자로 삼자고 강력하게 주장한 적도 있었다.

애석하게도 이임보는 베팅을 잘못했다. 특수한 신분이 오히려 수왕을 태자 자리에서 멀어지게 했다. 적지 않은 이들이 무씨 가문을 이씨 당 왕조의 원수로 보았고 현종도 영왕 쪽 계통이 득세하는 것을 원치 않았다. 결국 고역사의 건의에 따라 태자로 세워진 사람은 당시의 충왕 **078**

**22** 이융기와 양옥환의 첫 번째 밀회가 언제였는지는 쉬다오쉰·자오커야오, 『당현종전』의 고증 참고.

忠王, 훗날의 숙종인 이형李亨이었다.

　본래 태자가 될 마음이 없었던 수왕은 이에 대해 그리 개의치 않은 듯하다. 하지만 천만뜻밖에 부황은 그의 자리를 빼앗았을 뿐만 아니라 그의 아내까지 빼앗았다. 더구나 그 이유는 놀랍게도 그의 어머니에 대한 부황의 그리움이었다. 정사의 기록에 따르면 수왕의 어머니 무혜비가 개원 25년(737) 12월에 사망하자 현종은 울적함에 빠졌다고 한다. 특히 겨울에 여산에 올랐을 때 고인과 관련이 있는 사물을 보고 더 침울해했다. 또 주위에 미녀가 넘쳐나는데도 눈에 드는 사람이 없었다. 그러다가 고역사가 그의 뜻을 헤아려 양옥환을 수왕부壽王府에서 여산 화청궁으로 맞아들이고 나서야 황제의 얼굴에는 오랜만에 웃음꽃이 피었다.23

　한 여인이 그리워서 그녀의 며느리로 하여금 빈자리를 대신하게 한 것이 도대체 무슨 논리인지 정말 모르겠다. 마찬가지로 황제는 천자로서 세상에서 가장 부유하여 원하는 것은 뭐든 다 가질 수 있는데 왜 굳이 아들에게서 여자를 빼앗았는지 역시 이유를 알 수 없다.

　사람이 권력이 있으면 제 마음대로 구는 법이라고밖에 말할 수 없을 듯하다.

　하지만 제 마음대로인 황제도 남들의 이목은 피해야 했다. 여산에서 사통을 한 지 두 달 뒤인 개원 29년(741) 정월 초이틀에 그는 조칙을 내려, 이미 죽은 태후에 대한 양옥환의 효심을 돕는 차원에서 그녀 스스

**23**　두 『당서』의 「양귀비전」과 『자치통감』 215권 천보 3년 12월 항목 참고.

로 여도사가 되는 것을 허락한다고 선언했다. 나아가 짐짓 엄숙하게 그녀의 도호道號가 태진太眞이라고 밝혔다.[24]

이렇게 연막탄을 터뜨려놓고 두 사람은 신이 나서 여산으로 온천욕을 하러 갔다. 그것도 바로 그달에 말이다. 그리고 같은 해 10월, 여산에서 세 번째 밀회를 가진 뒤 여도사 양옥환은 아예 대담하게 흥경궁興慶宮으로 들어갔다. 그녀의 식사와 일상생활은 황후와 다를 바가 없었다. 궁중에서는 가정주부에 대한 민간의 호칭을 빌려 그녀를 '부인娘子'이라고 불렀다.[25]

체도도剃度圖
돈황 막고굴 제445호 굴의 「미륵경도彌勒經度」 중 일부

24  당 현종의 「도수왕비위여도사칙度 壽王妃爲女道士敕」은 『당대조령집』 40권과 『전당문』 35권에 있다.

25  『신당서』 「현종귀비양씨전」에 나오며 천인커陳寅恪, 『금명관총고초편金明館叢稿初編』 참고.

당시 두 사람은 서로 떼려야 뗄 수 없을 만큼 뜨겁게 사랑한 게 분명하다. 왜냐하면 이듬해 정월 초하루, 당 현종이 연호를 천보로 바꿨기 때문이다. 할머니 무측천과는 달리 현종은 연호를 바꾸는 것을 좋아하지 않았다. 그는 재위 44년간 연호를 겨우 세 번 바꿨다. 첫 번째는 712년 제위에 오르면서 선천으로 바꿨고 두 번째는 713년 친정親政을 하게 되면서 개원으로 바꿨다. 그 후로 이 개원이라는 연호를 30년 가까이 계속 사용했는데 왜 바꾸려 했을까?

개원은 신기원을 연다는 뜻이고 현종은 이 위업을 이미 성공리에 끝냈다고 생각했기 때문이다. 태평성대를 온 세상이 경축하는 만큼, 위대한 군주는 마땅히 편안한 만년을 누려야 했다. 그래서 여산에 장생전長生殿을 짓고 양옥환의 따뜻한 사랑과 섹시함을 만끽하려 했다. 그녀는 정말로 하늘이 그에게 내린 보물이었다!

그렇다. "구름을 보면 그녀의 옷차림이 생각나고 꽃을 보면 그녀의 얼굴이 생각난다던雲想衣裳花想容" 그녀는 실로 절세의 미녀였다![26]

잘 알려져 있듯이 위의 시구는 이백이 양옥환을 위해 쓴 시에 나오며 그 시는 모두 3수로 제목은 「청평조淸平調」다. 유명한 음악가 이귀년李龜年이 곡을 붙여 연주해 유행하기도 했는데, 그 시점은 양옥환이 여도사가 된 지 3년 뒤였다. 그리고 바로 그해에 당 현종은 새 아이디어를 얻어 '연年'을 '재載'로 바꿔서 천보 3년을 천보 3재로 부르게 했다. 이것이 양옥환의 아이디어였을 리는 없지만 그래도 그녀로 인해 황제

---

**26**  이백, 「청평조淸平調」에 나온다. 이 3수의 시에 관한 이야기는 악사樂史, 『양태진외전楊太眞外傳』과 왕중용王仲鏞, 『당시기사교전唐詩紀事校箋』과 『태평광기太平廣記』 등에 나온다. 이백이 이 시를 쓴 시점은 쉬다오쉰·자오커야오, 『당현종전』의 고증 참고.

의 심경이 좋아졌던 것만은 확실하다.

더욱이 그때는 풍년이기도 했다.

좋은 작황과 좋은 심경으로 현종은 긴장이 풀어졌고 자신과 여도사 양옥환이 정말로 천상의 커플 같다는 생각이 들었다. 두 사람이 여산에 가는 횟수는 갈수록 늘어났다. 비록 장안에서도 공개적으로 동거생활을 하고 있었지만 말이다. 바로 이때 이백의 그 오랫동안 전해져온 3수의 시와 그리 신빙성은 없는 갖가지 전설이 만들어졌다.

사태가 여기에 이르자 더 숨길 필요가 없었다. 천보 4년(745) 8월 6일, 막 61세 생일이 지난 당 현종은 정식으로 27세의 양옥환을 귀비로 책봉했다. 당시 궁중에는 황후가 없었으므로 귀비가 실질적인 6궁의 주인이 되었다. 4년여의 비밀 생활이 마침내 결실을 맺은 것이다.

수왕도 비로소 마음을 놓았다. 열흘 전 현종이 이미 그를 위해 따로 왕비를 골라놓았으니 무혜비, 영왕, 양옥환과의 얽히고설킨 관계도 더 걱정할 필요가 없었다. 그저 한마음 한뜻으로 황제 폐하의 효성스러운 아들 노릇만 하면 그만이었다.

그것은 모두에게 해피엔딩인 것처럼 보였다.

그런데 뜻밖에도 귀비가 된 이후, 양옥환은 현종과의 사이가 틀어져 두 번이나 황궁에서 쫓겨났다. 한 번은 천보 5년(746) 7월이었고 다른 한 번은 천보 9년(750) 2월이었다. 이 두 번의 출궁은 극적인 전환으로 수습되기는 했지만 이와 관련된 내용은 음미해볼 만하다.

**082**

양옥환은 무측천이 아니었으므로 현종과 사이가 틀어진 것은 분명 정치와는 무관했을 것이다. 그 원인은 대체로 질투였을 가능성이 크다. 이에 대해 그녀가 다른 남자를 사랑하게 됐고 그 남자가 바로 영왕 이헌이었다고 말한 사람도 있다. 당나라 시인 장호張祜도 시에서 아래와 같이 표현했다.

해가 궁성에 비쳐들어 안개는 반쯤 걷혔는데
양귀비는 주렴 밑에서 남들이 의심할까 두려워하네
노란 깃발이 펄럭여 서쪽 나무를 가리키는데
영寧 오라버니가 말 타고 돌아오실지 믿기지 않네
日映宮城霧半開
太眞簾下畏人猜
黃翻綽指向西樹
不信寧哥回馬來[27]

이것은 아마 예술적 상상일 것이다. 왜냐하면 영왕은 이미 개원 29년(741) 11월에 사망했기 때문이다. 4년 반 전에 죽은 그가 어떻게 풍파를 일으킬 수 있었겠는가? 따라서 현종과 영왕이 천보 9년(750) 2월에 음악회를 열었고 귀비가 그 틈을 타 몰래 영왕의 옥피리를 불다가 현종의 노여움을 샀다는 얘기는 더더욱 신빙성이 없다.[28]

---

**27** 『전당시全唐詩』511권의 장호, 「영가래寧哥來」에 나온다.
**28** 이 설은 악사, 『양태진외전』 참고.

잠화사녀도簪花仕女圖

이 그림은 당나라 화가 주방周昉이 그렸다고 전한다. 비단에 짙게 채색을 했으며 기법이 질박하고 분위기가 고아古雅하다. 현재 랴오닝성박물관에 소장되어 있다. 화려한 옷차림의 귀족 부인 몇 명이 봄과 여름이 교차할 때 뜰에서 꽃을 감상하는 정경을 묘사하여 그녀들의 유유자적했던 삶을 보여준다.

그나마 믿을 만한 설명은 현종이 풍류가 습관이 돼서 천보 5년(746) 이른바 '화조사花鳥使'를 파견해 민간에서 미녀를 찾게 했고 또 나중에는 천보 9년(750) 귀비의 언니 괵국虢國부인까지 건드린 게 문제가 됐다는 것이다. 귀비는 참을 수가 없어 현종과 충돌했고 불손한 언사까지 써서 결국 자기 오빠 집으로 보내졌다고 한다.[29]

하지만 두 사람 다 오래 견디지 못했다. 첫 번째는 양귀비를 내쫓은 뒤 현종이 끼니도 잊고 마구 신경질을 부리는 바람에 그의 속을 잘 헤아리는 고역사가 다시 그녀를 데려와 정상 회복이 되었다. 이어서 두 번째는 양옥환이 죽고 싶을 만큼 괴로워했다. 그녀는 머리카락 한 올을 떼어 사자에게 주며 말을 전하게 했다.

"신첩의 영화는 다 황상이 하사하셨고 오직 몸만 부모님께 받았지요. 영원히 이별하는 날, 이것으로 폐하의 은총에 사례하고 싶습니다."

당 현종은 양귀비의 머리카락을 보자마자 대경실색하여 부랴부랴 고역사를 보내 그녀를 데려오게 했다. 이렇게 소꿉장난 같은 소동을 두 차례 겪은 후로 황제는 다시는 바람을 피우지 않은 듯하고 귀비 역시 다시는 멋대로 굴지 않은 듯하다. 그들은 심지어 천보 10년(751) 칠석날에 굳은 맹세까지 했다.

칠월 칠일 장생전에서
인적 없는 깊은 밤 맹세를 했네

---

29 여기에서는 쉬다오쉰·자오커야오, 『당현종전』의 고증을 근거로 삼았다.

하늘에서는 비익조가 되기를 바라고

땅에서는 연리지가 되기를 바란다고

七月七日長生殿

夜半無人私語時

在天願作比翼鳥

在地願爲連理枝[30]


그 결과, 어떻게 됐을까?

그때부터 현종은 조회를 하지 않았다.

이 조회는 당연히 설과 동지에 열던 대조회大朝會가 아니었고 매월 초와 보름에 열던 삭망조朔望朝도 아니었다. 바로 매일 또는 격일로 열던 어전회의, 다시 말해 상조常朝였다. 이것은 무척 힘든 일이었다. 조회에 참석하려면 날이 새기도 전에 일어나야 했고 자칫하면 꽤 여러 시간이 걸려 황제와 신하가 다 힘들어했다.[31]

그래서 현종이 더 이상 조회를 하지 않자 적지 않은 이들이 한숨을 돌렸다. 특히나 이임보는 내심 다행이라 여겼다. 마침 그는 황제가 사랑에 빠진 채 심신 수양이나 하고 「예상우의곡霓裳羽衣曲」에 도취되기를 바랐다. 이 곡은 현종이 인도와 중국의 음악을 섞어 창작한 것으로 양귀비가 이에 맞춰 만든 춤을 추고 그가 직접 북을 치면 가히 제국의 최고 악무樂舞라 할 만했다.[32]

087

---

**30**  양귀비의 두 차례 출궁에 관해서는 두 『당서』의 「양귀비전」과 『자치통감』 관련 항목 참고. 사랑의 맹세를 한 일과 시점은 백거이, 「장한가長恨歌」와 진홍陳鴻, 「장한가전長恨歌傳」 참고.

**31**  두우杜佑, 『통전通典』과 왕부王溥, 『당회요』 참고.

**32**  「예상우의곡」과 「예상우의무霓裳羽衣舞」에 관해서는 쉬다오쉰·자오커야오, 『당현종전』의 연구 참고.

하지만 안타깝게도 이 음악가 황제는 자기가 사랑하는 여인이 동그란 쪽을 틀고 앙증맞은 가죽신을 신고서 나풀나풀 춤을 출 때, 겉만 번지르르한 제국이 어느새 아슬아슬한 지경에 이르렀음을 알지 못했다. 그는 또 훗날 양옥환을 제명에 못 죽게 할 인물이 바로 그녀의 양아들 안녹산이라는 것도 당연히 알지 못했다.

# 안녹산의 입경

처음 황제를 알현했을 때 안녹산은 숨이 막혔다.

훗날 당나라의 역사를 다시 쓰고 당 현종과 양귀비의 운명도 바꿔버린 안녹산은 본래 미천한 이민족인 데다 혼혈아였다. 생부 강康씨는 소그드인, 어머니 아사덕阿史德은 돌궐의 무당이었다. 그녀는 이 아들을 전쟁의 신 알락산軋犖山에게 기도하여 낳았으므로 이름을 녹산禄山이라 지었다(알락산의 발음을 한자로 옮긴 것이다). 그리고 돌궐의 장군 안연언安延偃과 재혼하여 아들의 성도 안씨가 되었다.[33]

혼혈아 안녹산은 피부가 하얗고 덩치가 우람했으며 젊었을 때는 상당한 미남이었을 것이다. 그의 이웃 친구 사사명史思明(본명은 아사나줄간阿史那崒干이었다)도 돌궐 혼혈이었지만 잘생기지는 못했다. 이 두 친구는 매우 똑똑해서 여러 민족의 언어에 능통했기 때문에 한때 당나라와 돌궐의 국경 무역에서 브로커 노릇을 했다. 물론 기회만 생기면 개의치

**089**

---

**33** 본절에 서술된 안녹산의 사적은 별도로 주를 달지 않고 모두 두 『당서』의 「안녹산전」과 쉬다오쉰·자오커야오, 『당현종전』 참고.

않고 슬쩍슬쩍 물건을 훔치기도 했는데, 그러다가 절도죄로 붙잡히고 말았다.

그들의 생사를 결정한 사람은 유주절도사幽州節度使 장수규張守珪였다.

절도사는 당나라 시대의 지방 군정軍政 장관으로서 군사 구역의 사령관에 해당했다. 임명할 때 조정에서는 쌍정쌍절雙旌雙節이라는 신표를 주어 지휘와 관리의 권한을 부여했다. 안녹산과 사사명은 절도사의 수중에 떨어져 거의 죽을 운명이었다. 법에 따르면 그들처럼 현장에서 붙잡힌 도둑은 몽둥이로 때려죽여야 했다.

그런데 장수규는 안녹산과 사사명을 놓아주었다. 보아하니 그 도둑들은 비록 죄를 짓긴 했지만 튼튼하고 영리해서 변경에서 적과 싸우는 데 쓸모가 있을 것 같았기 때문이다. 그래서 서른 살의 안녹산과 사사명은 장수규 휘하의 '착생장捉生將'(결사대원)이 되었고 현지 지형에 대한 지식과 악랄하고 대담한 수법으로 장수규를 위해 여러 차례 공을 세웠다.

안녹산은 장수규의 양자가 되기까지 했다.

하지만 당시 그는 아직 혈기가 앞섰는지 어느 전투에서 적을 얕보아 아군의 전멸을 초래했다. 장수규는 어쩔 수 없이 그를 도읍으로 압송해야만 했다. 현종은 이 일을 접하자마자 어떻게 된 일인지 이해했다. 본래 통솔과 관리의 권한을 가진 장수규가 이 패장을 직접 죽이지 않은 것은 사실 미련이 있어서였고 그래서 현종에게 넘겨 관대한 처분을 기대한 것이었다. 이에 당시 중서령이었던 장구령이 공개 처형을 적극 주장했는데도 현종은 법을 초월해 은혜를 베풀었다.

목숨을 건진 안녹산은 그 후로 인생이 점차 나아졌다. 나중에 장수규는 죄를 지어 좌천되었지만 그는 계속 승진하여 마침내 천보 2년 (743) 정월, 처음으로 황제 폐하를 알현했다.

그때 그의 관직은 벌써 평로절도사平盧節度使였다.

영주營州의 유성柳城에서 자란 안녹산은 제국의 수도가 그렇게 웅장하고 번화한지는 꿈에도 몰랐다. 물론 존귀한 천자가 그렇게 경외로운 존재인지도 몰랐다. 그래서 헐떡이며 어전의 계단을 올라가 바닥에 꿇어앉았을 때 그의 머릿속은 온통 백지장처럼 하얬다.

하지만 안녹산은 곧 자기 역할에 집중했다. 그는 황제에게 말했다.

"작년, 저희 영주에 메뚜기 떼가 기승을 부려 신은 향을 태워 기도하며 하늘에 고했습니다. 신의 마음이 바르지 못하면 메뚜기가 신의 심장을 갉아 먹게 하시고, 신의 충심을 헤아리시면 메뚜기가 영주를 떠나게 해달라고 말입니다. 결국 북쪽에서 새 떼가 날아와 메뚜기를 깨끗이 먹어치웠습니다."[34]

이것은 당연히 지어낸 얘기였지만 현종은 이를 듣고 즐거워했다. 이 일로 안녹산은 제국의 생태를 정확히 파악했다. 동시에 그는 자신의 관직이 아무리 높아도 당나라의 저 왕공귀족의 눈에는 아직 문명화되지 못한 오랑캐이자 거칠기 짝이 없는 무인 그리고 시골뜨기에 불과하

---

[34] 『자치통감』 215권 천보 2년 정월 항목 참고.

다는 것을 깨달았다. 하지만 바로 그런 까닭에 황제는 마음 놓고 그에게 권력을 주었으며 인재를 시기하는 이임보도 전혀 경계하지 않았다.

안녹산은 아주 제대로 바보 행세를 하기로 마음먹었다.

천보 6년(747) 정월, 안녹산은 다시 황제를 알현했다. 그해에 그는 45세였고 진작에 몸이 불어 배 무게만 300근이 나갔다고 한다. 하지만 이민족의 춤을 출 때는 몸이 팽이처럼 잘 돌아갔다. 당 현종은 자기도 모르게 웃음이 나와 그에게 물었다.

"자네는 배가 그렇게 큰데 속에 대체 뭐가 들었나?"

안녹산은 짐짓 엄숙한 어조로 답했다.

"전부 무한한 충성심입니다."

현종은 기뻐했다.

"자네를 태자에게 보여줘야겠군."

그런데 안녹산이 물었다.

"태자가 무슨 관원입니까?"

"태자는 짐을 이어 천하의 주인이 될 사람일세."

안녹산은 잠깐 머뭇대다가 진실한 표정으로 털썩 무릎을 꿇고 말했다.

"신 같은 호인胡人은 어리석어 중화의 예의를 알지 못합니다. 그래서 오랫동안 신은 폐하가 계신 것만 알았지 태자가 계신 것은 몰랐습니다. 실로 만 번 죽어 마땅한 죄를 지었습니다!"

의심할 여지 없이 이것은 바보 시늉이었다. 당시 안녹산은 이미 어사대부까지 겸임하고 있었는데 어떻게 태자가 누구인지조차 모를 수 있었겠는가? 오히려 그는 태자 이형에 대한 황제와 재상의 태도뿐만 아니라, 현종이 대신과 변방의 장수들이 태자와 작당하는 것을 가장 무서워한다는 것까지 잘 알고 있었다. 따라서 그것은 그가 직접 각본을 쓰고 연출한 연극이었으며 그가 말하려던 대사는 딱 한 마디, "신은 폐하밖에 모릅니다!"였다.

결국 태자는 난감해졌고 황제는 마음을 놓았다.

안녹산은 한술 더 떠 양귀비를 양어머니로 섬기겠다고 했다. 이 제안은 당연히 즉각 허락을 얻었다. 그 후로 궁에 갈 때마다 그는 먼저 귀비에게 절을 하고 그다음에 황제에게 절을 했다. 이에 현종이 물었다.

"네가 이러는 것은 도대체 무슨 까닭이냐?"

안녹산이 답했다.

"호인은 다 어머니에게 먼저 인사하고 나서 아버지에게 인사합니다."

이 말을 할 때도 그는 여느 때처럼 천진무구해 보였다.[35]

안녹산이 정치적 야욕으로 그런다는 것은 누구나 간파할 수 있었지만 의외로 양옥환은 기꺼이 받아들였을 뿐만 아니라 갈수록 일을 더 키웠다. 천보 10년(751) 정월, 안녹산의 49세 생일이 지나고 세 번째 날에 33세의 양어머니 양귀비는 친히 양아들인 그에게 세아례洗兒禮(고대에 아이가 출생한 지 사흘째에 행하던 축복의 목욕 의식—옮긴이)를 베풀어주었

**093**

---

| 서기 | 연호 | 월 | 사건 |
|---|---|---|---|
| 740 | 개원 28년 | 불명 | 안녹산이 평로병마사가 됨 |
| | | 10월 | 양옥환과 당 현종의 첫 번째 밀회 |
| 741 | 개원 29년 | 정월 | 양옥환이 여도사가 됨 |
| | | 8월 | 안녹산이 영주도독이 됨 |
| 742 | 천보 원년 | 정월 | 안녹산이 평로절도사가 됨 |
| 743 | 천보 2년 | 정월 | 안녹산이 처음으로 장안에서 현종을 알현 |
| 744 | 천보 3년 | 3월 | 안녹산이 범양절도사를 겸함 |
| 745 | 천보 4년 | 8월 | 양옥환이 귀비로 책봉됨 |
| 746 | 천보 5년 | 7월 | 양옥환의 첫 번째 출궁 사건 |
| 747 | 천보 6년 | 정월 | 안녹산이 어사대부를 겸함 |
| | | | 양옥환이 안녹산을 양자로 들임 |
| 748 | 천보 7년 | 6월 | 안녹산에게 단서철권丹書鐵券을 하사 |
| 750 | 천보 9년 | 2월 | 양옥환의 두 번째 출궁 사건 |
| | | 5월 | 안녹산을 동평군왕으로 책봉 |
| 751 | 천보 10년 | 정월 | 양옥환이 안녹산에게 세아례를 해줌 |
| | | 2월 | 안녹산이 하동절도사를 겸함 |
| | | 7월 | 당 현종과 양옥환이 맹세를 함 |
| 755 | 천보 14년 | 11월 | 안녹산의 반란 |
| 756 | 천보 15년 | 6월 | 양옥환 사망 |

안녹산과 양옥환의 연표

다. 궁녀들이 안녹산을 아기처럼 온천물에 씻겨준 뒤 거대한 강보에 싸서 꽃수레에 태우고 여기저기 몰고 다녔다.

이때부터 안녹산은 궁중에서 '녹아祿兒'라고 불렸다.[36]

당시 양옥환이 어떤 마음과 생각을 품고 있었는지는 추측하기 어렵지만 위의 연표를 보면 마치 그녀와 안녹산 사이에 어떤 운명적인 인연이 있었던 것 같다. 그들은 거의 같은 해에 역사의 무대에 등장했고 또 거의 나란히 현종의 총애를 얻었다. 비록 마지막에는 각자 제 갈 길을 가야 했지만 말이다. 그러면 안녹산이 자기보다 16살이나 적은 그녀를 양어머니로 섬기겠다고 했을 때 그녀는 혹시 마음이 설렜을까?

알 수 없다. 아마도 그것은 단지 놀이에 불과했을 것이다.

하지만 현종 황제의 은총 뒤에는 정치적 고려가 있었다. 북주北周 우문태宇文泰의 관중關中 위주 정책을 계승한 탓에 당 제국의 군사 중심은 줄곧 서북쪽에 치우쳐 있었다. 게다가 토번吐蕃의 부상과 대식大食(아랍제국)의 동진으로 인해 그들은 더더욱 화북華北과 동북 지역을 신경 쓸 겨를이 없었다. 거란과 해족奚族도 제국의 변경에서 소요를 일으키고 있었는데 말이다. 이때 가장 좋은 선택은 마음에 드는 대리자를 찾아 '하삭河朔'이라 불리는 황하 이북 지역을 황제와 중앙정부가 잘 관리할 수 있도록 돕게 하는 것이었다.

안녹산은 바로 그런 '집 지키는 개'였다.

표면적으로 이 인선은 적절했다. 우리는 위진남북조 시대부터 줄곧

**095**

---

하삭이 이민족과 한족이 섞여 살던 지역으로서 풍속이 거칠고 상황이 복잡했다는 것을 알고 있다. 조정에서 파견한 사신이 걸핏하면 현지인에게 무시당하거나 쫓겨나서 장수규 같은 대장도 골머리를 앓았다. 하지만 안녹산은 달랐다. 그는 이민족보다 더 이민족 같고 도적보다 더 도적 같았으니 날뛰는 망나니 떼를 제압하는 일 따위를 두려워할 리 없었다.

하물며 안녹산은 충성스럽기까지 했다. 적어도 한때는 그랬었다는 말이다. 현종은 심지어 그가 충성스럽지 않을 가능성과 이유가 도저히 생각나지 않았다. 안녹산에게는 강력한 부락 세력이라는 밑천이 없었으며 현종 자신은 또 그의 양아버지이자 생명의 은인이었기 때문이다.

안녹산은 역시 황제를 실망시키지 않았다. 그는 계속되는 거란 및 해족과의 전투에서 연달아 승전보를 보내왔다. 비록 그 전투 중 일부는 사실 그가 공을 세우려고 일부러 일으킨 것이긴 했지만 말이다. 하지만 어쨌든 그는 매번 입경할 때마다 수많은 전리품을 바쳤고 그것은 실제로 하삭 지역의 안녕을 입증한 것이나 마찬가지였다.

이에 안녹산의 지위는 갈수록 높아졌고 권력도 갈수록 커졌다. 양옥환이 그를 화청궁의 온천물에 집어넣어 씻게 한 지 한 달 뒤, 그는 평로, 범양范陽, 하동河東, 이 삼진三鎭의 절도사가 되었다. 평로절도사의 관부는 영주螢州(지금의 랴오닝성 차오양朝陽)에 있었고 범양절도사의 관부는 유주幽州(지금의 베이징)에 있었으며 하동절도사의 관부는 태원부太原府(지금의 산시山西성 타이위안太原)에 있었다. 그것은 실로 광대한 기반이었다.

삼진의 병력은 다 합치면 20만 명에 가까워서 전국 국경 수비군의 40퍼센트에 달했고 중앙군의 두 배가 넘었다.

누구도 안녹산에게 반란의 밑천이 없다고 말할 수 없었다.

과거에는 없었는지 몰라도 지금은 확실히 생겼다.

안녹산이 관할하던 삼진

하지만 반란의 밑천이 있다고 꼭 반란을 일으키지는 않는다. 그래서 누군가는 안녹산이 핍박을 받아 반란을 일으켰다고 말한다. 더군다나 그를 핍박한 사람은 뜻밖에도 그의 명의상의 양삼촌이자 양귀비의 오빠인 양국충楊國忠이었다.[37]

---

[37] 예를 들어 『구당서』 「양국충전」은 양국충이 현종 앞에서 안녹산이 꼭 모반할 것이라고 누차 말했으며 "이에 안녹산이 두렵고 당황스러워 마침내 거병했고 양국충의 주살을 명분으로 삼았다"고 주장한다.

# 양국충이 사고를 치다

양국충이라는 이름은 당 현종이 하사한 것이었다. 그는 양옥환과 증조부가 같은 먼 친척 오빠로 본명은 양소楊釗였다. 아버지는 하급 관리였고 어머니는 무측천의 남자 첩 장역지의 누이동생이었으며 자기는 술고래에 건달, 호색한이었다. 기록에 따르면 양옥환의 언니(훗날의 괵국부인)와 미묘한 관계였다고 한다. 그는 출신도 미천하고 품행도 좋지 않아 40세가 다 되도록 별 뾰족한 수 없이 기루에서 벗어난 기녀와 결혼해 성도成都에서 그럭저럭 살아가고 있었다.[38]

이런 사람에게도 행운이 찾아들 줄은 아무도 몰랐다.

하지만 양국충의 벼락출세는 양씨 가문의 그 자매와는 전혀 무관했다. 그가 맨 처음 현종의 눈길을 끈 것은 사실 그의 장기인 도박 덕분이었다. 당시 궁중에는 저포樗蒲라는 놀이가 유행했다. 현종은 자기가 천하무적이라고 생각했는데 양국충이 이 놀이에 더 정통해서 결국 둘

---

38  본절에 서술된 양국충의 사적은 별도의 주 없이 전부 두 『당서』의 「양국충전」 참고.

이 맞붙었고 황제는 크게 즐거워했다.

물론 그때 양국충이 궁에 들어갈 수 있었던 것은 양씨 자매의 추천 덕분이었다.

그런데 현종은 양국충이 재정 관리에 능숙한 것을 알아보고 그를 호부의 관리로 임명했다. 그 후로 이 사람은 계속 승진하며 겸직도 많이 했지만 줄곧 제국의 재정 관리가 주요 임무였다.

실제로 양국충은 자신의 전임자인 우문융, 배요경 등보다 더 유능하고 수완이 좋았다. 심지어 중앙의 재정 부족 문제를 단번에 해결함으로써 무절제하고 큰일 벌이기를 좋아하는 황제가 물 쓰듯이 돈을 쓸 수 있게 해주었다. 너무 기쁜 나머지 당 현종은 그의 부탁에 응해 국충이라는 이름을 하사했다. 나라의 충신이라는 뜻이었다.

이때는 이임보도 어쩔 도리가 없었다.

이임보와 양국충의 관계는 한패에서 원수로 바뀌는 과정을 거쳤다. 그렇게 된 원인은 당연히 양국충의 권력과 야심이 갈수록 커져 이임보와 자웅을 겨룰 정도가 되었기 때문이다. 천보 9년(750) 4월, 양국충은 이임보의 왼팔인 어사대부 송혼宋渾이 유배 판결을 받게 했다. 2년 뒤에는 또 이임보의 오른팔인 호부시랑 왕홍王鉷이 사약을 받고 자결하게 만들었다. 마지막에 이임보는 기회를 잡아 반격하려 했지만 그때는 이미 수명이 거의 다한 시점이었다.

기록을 보면 이임보가 임종하기 전, 양국충이 재상부에 병문안을 가 **100**

침대 아래쪽에서 공손히 허리를 숙였다고 한다. 평생 인재를 시기하고 반대파를 배척했던 이임보는 만면에 눈물을 적시며 후사를 부탁했다. 하지만 소용없는 일이었다. 19년이나 재상직에 눌러앉아 있던 그 노정 객은 자신의 시신이 다 식기도 전에 양국충에게 모반죄로 무고당했다. 현종도 안면을 몰수하고 그의 관을 열어 부장품을 다 압수하라는 명을 내렸다.[39]

당연히 양국충은 뜻을 이뤄 수상이 되었다.

이때 안녹산의 심정은 어땠을까?

삼진을 다스리며 군왕의 작위를 받은 안녹산은 평생 단 한 명만 두려워했다. 그 사람은 바로 이임보였다. 나아가 그는 이임보를 진심으로 존경했고 자신은 그의 적수가 못 된다는 것을 기꺼이 인정했다. 그래서 매번 밀정이 장안에서 돌아올 때마다 그가 제일 처음 묻는 말은 "십랑十郎(이임보)이 나에 대해 뭐라더냐?"였다.

그래서 이임보가 재상직에 있었을 때 안녹산은 감히 함부로 잘난 체하지 못했고 경거망동은 더더욱 엄두를 못 냈다. 그가 보기에는 이임보야말로 제국의 대들보였다. 당 현종은 지붕 위에 앉아 풍경을 바라보는 늙은이일 뿐이었다. 그 풍경이 아무리 좋아도 이임보가 없어지면 "장안은 낙엽으로 가득하게落葉滿長安" 될 게 뻔했다.

사실 여러 차례 도읍을 드나들면서 안녹산은 진작에 제국의 형편을 속속들이 알게 되었다. 그것은 빛 좋은 개살구나 다름없었다. 황제는

**101**

---

**39**  두 『당서』의 「이임보전」과 『자치통감』 216권 천보 11년 10월 항목과 12년 정월 항목 참고.

나태하고, 관리들은 기만적이고, 중앙군은 오래 전투를 못 해봤고, 당권파는 사치스러운 삶에 빠져 있었다. 본래는 정무와 군사 상황을 알려야 하는 특급 우편 조직이 귀비 마마가 즐겨 먹는 여지荔支나 나르고 있는 실정이었다. 더욱이 이번에는 귀비와의 관계로 출세한 양국충 같은 건달이 수상 자리에 올랐으니 이런 썩어빠진 정권에 무엇을 더 기대할 수 있겠는가?

안녹산은 코웃음을 쳤다.[40]

양국충도 이를 갈았다. 이임보를 만날 때면 엄동설한에도 땀을 비오듯 흘리던 안녹산이 자기는 아예 안중에도 안 두었기 때문이다. 이에 양국충은 기회만 있으면 안녹산이 모반할 것이라고 떠들어댔다. 심지어 당 현종에게는 이런 말도 했다.

"안녹산에게 입경하라고 명하십시오. 그자는 분명 오지 못할 겁니다."

하지만 안녹산은 부르자마자 장안으로 달려왔다.

천보 13년(754) 정월 초나흘, 안녹산은 화청궁에서 마지막으로 현종을 알현했다. 그는 흐느끼며 말했다.

"신은 호인이고 일자무식인데도 폐하의 은총으로 오늘이 있었습니다. 그런데 이제 양국충의 손에 죽게 생겼습니다."

현종의 반응은 자상하고 마음 약한 노인의 그것과 다르지 않았다. 그는 안녹산이 그 비대한 몸으로 겨우 무릎을 꿇고 앉아 불쌍하게 눈물, 콧물을 훔치고 있는 모습을 바라보다가 쓰라린 마음에 거액의 돈 **102**

을 상으로 주었다. 여기에 특임 재상의 직함까지 얹어주려고 했지만 양 국충에게 저지당했다.

황제 폐하는 미안한 마음이 들었다.

그러나 안녹산은 내심 기뻐했다. 멀리 범양에 있던 그는 특임 재상 같은 허울뿐인 직함에는 관심이 없었지만, 그에 대한 황제의 미안한 마음은 확실한 실익으로 돌아왔다. 그 실익은 목축을 총괄하는 직무의 겸임과 내용을 비워놓은 한 무더기의 위임장이었다. 그는 전자를 통해

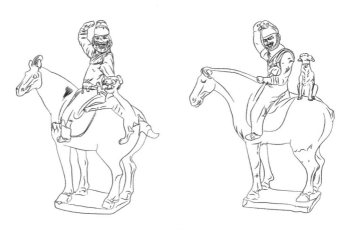

말을 탄 호인의 토용
당나라 때 도자기에 채색을 한 말을 탄 호인의 토용으로 산시陝西역사박물관의 소장품이다.
**103**  안녹산이 관할한 삼진의 20만 병력 중 상당수가 호인 기병이었을 것이다.

몰래 수천 필의 준마를 골라 숨겨놓았고 후자로는 수백 수천에 달하는 변방의 장병을 매수했다.

큰 성과를 거둔 안녹산은 장안에 오래 머물러서는 안 된다는 것을 간파하여 3월 1일에 현종에게 작별을 고했다. 헤어지기 전, 황제는 그에게 어의를 입혀주는 것도 모자라 고역사에게 명해 성 밖으로 배웅까지 해주었다. 하지만 그는 마치 화살에 놀란 새처럼 끝까지 긴장을 풀지 못했고, 15리마다 배를 바꿔 타며 밤낮으로 길을 재촉하면서 하루에 수백 리 길을 이동하여 거의 단숨에 범양으로 돌아갔다.

그때 거의 모든 사람이 안녹산이 곧 반란을 일으키리라는 것을 알았다.[41]

단지 현종만 미몽에서 깨어나지 못했다. 그는 모든 조짐을 양국충과 안녹산의 갈등 탓으로 돌렸고 그것이 어쨌든 둘이 작당하는 것보다는 낫다고 생각했다. 하지만 행정, 인사, 재정의 권력을 독점한 양국충과 제국 최고의 무력을 갖춘 안녹산의 대립이 장차 제국의 분열을 초래하리라는 것은 생각지 못했다.

양국충도 노력을 포기하지 않았다. 이듬해 2월, 안녹산이 자신의 부장副將을 장안으로 보내 절도사 구역의 한족 장수들을 이민족으로 바꾸겠다고 보고했다. 양국충과 그의 꼭두각시인 재상은 이를 안녹산이 반란을 꾀하고 있는 것에 대한 움직일 수 없는 증거라고 생각했지만 황제는 또다시 그자의 요구를 들어주었다. 두 재상은 할 수 없이 안녹산 **104**

**41** 이상은 『자치통감』 216권 천보 12년 5월 항목과 217권 천보 13년 정월, 3월 항목 참고.

을 조정으로 불러 국무위원을 맡기는 동시에 범양, 평로, 하동, 이 삼진의 절도사를 충성스럽고 믿을 만한 한족으로 바꿀 것을 제안했다. 그래야 안녹산을 보전하고 제국도 보전할 수 있다고 했다.

확실히 양국충의 이 아이디어는 썩 괜찮았다. 그러나 당 현종은 동의해놓고 다시 마음이 바뀌어 환관 한 명을 범양에 보내 안녹산에게 선물을 주게 했다. 안녹산은 당연히 그것이 무슨 뜻인지 눈치채고 당장 부하들과 함께 충성심을 과시하는 연극을 줄줄이 선보였다. 그리고 더 중요한 것은 황제의 종복이 헛걸음을 한 셈이 되지 않도록 한몫 두둑이 챙겨 돌려보낸 것이었다.

잘 먹고, 잘 마시고, 횡재까지 한 환관은 과연 돌아가서 현종에게 안녹산을 편드는 말만 했다. 이에 현종은 두 재상을 불러 말했다.

"안녹산의 충심은 의심할 여지가 없으니 짐은 그를 의지해 외적을 막고 북쪽의 영토를 지키려 하네. 이제는 짐이 친히 그를 보증할 터이니 누구도 다시는 망령된 말로 짐을 귀찮게 하지 말게."[42]

양국충은 할 수 없이 스스로 증거를 수집하러 나섰다. 그는 황제를 속이고 비밀리에 안녹산의 밀정을 잡아 죽였다. 당연히 안녹산은 즉시 이 사실을 알았다. 그가 장안에 남기고 온 장남 안경종安慶宗이 인질 겸 스파이 노릇을 했기 때문이다. 이때 분노와 불안감에 사로잡힌 그에게는 반란을 앞당기는 것 외에는 다른 선택의 여지가 없었다.[43]

**105**    바로 이것이 "양국충이 안녹산을 핍박해 모반하게 만들었다"는 주

---

42 『자치통감』 217권 천보 14년 2월 항목 참고.
43 『자치통감』 217권 천보 14년 4월 항목 참고.

장의 증거 중 하나다.[44]

이제는 정확한 판단을 하기도 어려워져서 안녹산은 모반하도록 핍박받는 것을 넘어 "모반을 재촉당하는" 형국이 되었다. 하지만 이자가 조정에 등을 돌린 것은 이미 의심할 여지가 없었다. 그는 심지어 천보 14년(755) 7월, 조정에 이상한 안건을 제시했다. 22명의 번장으로 하여금 6000명의 사수를 인솔해 장안에 들어가게 하겠다는 것이었다. 3000필의 말을 바친다는 것이 그 이유였다.

이번에는 현종조차 수상쩍어 또 범양으로 환관을 보냈다. 화청궁에 온천욕을 하러 오라고 안녹산을 초대할 생각이었다. 안녹산은 의자에 건성으로 앉아 손님을 접견했다.

"폐하는 안녕하시오? 말이야 못 바치면 그만이지. 돌아가서 폐하께 아뢰시오, 10월 전에 꼭 장안에 가겠다고."

그러고 나서는 본체만체했다.

환관은 꼬리를 사린 채 장안으로 돌아왔다. 황은에 감사한다는 겉치레 편지 한 통조차 못 갖고 왔다. 범양에서 실컷 억울한 일을 당한 듯 그는 황제를 만났을 때 아직 두려움이 가시지 않은 어조로 말했다.

"소인은 하마터면 대가大家를 못 뵐 뻔했습니다."[45]

대가는 당나라 때 환관이 황제를 부르던 칭호다.

안녹산은 역시 장안으로 다시 황제를 알현하러 갈 마음이 없었다. 대신 그해 11월에 군대를 이끌고 남하하여 당시 세계 3대 제국 중 하 **106**

---

44 사마광 등은 안녹산이 본래 당 현종의 붕어 후 모반할 계획이었지만 시시각각 더해지는 양국충의 핍박에 몰려 거사를 앞당겼다고 생각한다. 『자치통감』 217권 천보 14년 10월 항목 참고.
45 『자치통감』 217권 천보 14년 7월 항목 참고.

나에 도전장을 내밀었다. 공개적으로 외친 구호는 나라와 백성을 해치는 간사한 재상 양국충을 주살誅殺하자는 것이었다.

안사의 난이 드디어 터졌다.

제3장

# 반란의 전말

전쟁의 시작

동관 방어 전투

마외파의 변

숙종의 즉위

반란 진압의 과정

놀랄 만한 식욕의 소유자였던 안녹산은 비록 뚱뚱하기는 했지만
이민족의 춤을 출 때는 마치 팽이처럼 몸을 돌렸다.
결국 그는 755년에 거대한 소용돌이를 불러일으켜 하마터면 제국을 다 날릴 뻔했다.

# 전쟁의 시작

천보 14년(755) 11월, 여산의 화청궁은 평소와 다를 것이 없었다. 황제는 예전처럼 10월에 화청궁에 올라가 사랑하는 여자와 사이좋게 온천욕을 즐겼다. 71세의 그는 제국의 정무에 갈수록 흥미를 잃었고 반응도 갈수록 둔해졌다. 그래서 안녹산이 군대를 일으켰다는 보고서를 받고도 쓱 보기만 하고 옆으로 치운 뒤 껄껄대며 양옥환에게 말했다.

"누가 또 녹아가 모반을 했다고 일러바쳤나 보군."[1]

양귀비는 아마도 예쁘게 웃기만 했을 것이다. 두 사람은 어양漁陽에서 울려 퍼진 그 비고鼙鼓 소리가 장차 「예상우의곡」의 곡조를 깨뜨릴 줄은 꿈에도 몰랐다.[2]

비고는 군대에서 쓰던 작은 북이며 어양은 오늘날의 톈진 지현薊縣이다. 현의 관청이 어산漁山 남쪽에 있어 어양이라 불렸다. 현종은 안녹산이 이곳에 군대를 주둔시킨 것이 자신을 위해 제국의 북쪽 대문을 지

---

1  『자치통감』 217권 천보 14년 11월 항목 참고.

2  백거이, 「장한가」에 "어양의 비고 소리가 땅을 뒤흔들고, 「예상우의곡」을 깨뜨렸다漁陽鼙鼓動地來, 驚破霓裳羽衣曲"라는 구절이 있다.

키며 저 분수도 모르는 거란과 해족을 상대하기 위해서라고 생각해왔다. 그가 창끝을 반대 방향으로 돌릴 줄은 전혀 예상하지 못했다.

사실 안녹산은 두 이민족 사이의 혼혈아라는 자신의 정체성을 이용해 진작부터 독자적인 무장 세력을 준비해왔다. 그 핵심은 당연히 그의 출신 부족인 소그드인이었다. 소그드인은 그 당시의 아랍인과 마찬가지로 상업형 유목 민족이었다. 다만 종교는 페르시아의 조로아스터교를 믿었다. 그들이 오랫동안 당나라 각지에서 무역으로 축적한 부는 끊임없이 유성의 본거지로, 또 안녹산의 창고로 흘러들어갔다.

그것은 결코 이상한 일이 아니었다. 우리는 안녹산의 본명인 알락산이 소그드어에서 빛을 의미하는 동시에 조로아스터교에서 숭배하는 빛의 신이라는 것을 알고 있다. 무역에 종사하던 소그드인이 신이 주신 부를 신의 아들에게 바치고 또 흩어져 살던 생활을 정리해 하나로 뭉친 것은 특별한 일이 아니었으며 심지어 순리에 맞기까지 했다.[3]

아직 군대를 안 움직이고 먼저 군량과 마초부터 준비하면서 안녹산은 수완을 발휘했다.

배포가 컸던 안녹산은 거란과 해족의 전사 8000명으로 이뤄진 결사대까지 조직했다. 그들의 이름은 '예락하曳落河'로 장사라는 뜻이었다. 그리고 그의 친위대는 전부 용감하고 싸움에 능한 자신의 가노家奴들이었다.[4]

이런 상황을 당 현종과 양국충은 까맣게 몰랐다. 우리는 안녹산이

---

**3** 룽신장榮新江, 「안녹산의 종족과 종교 신앙安祿山的種族與宗教信仰」을 근거로 삼았다.
**4** 이상은 『신당서』 「안녹산전」과 『자치통감』 216권 천보 10년 2월 항목 그리고 펑리화, 『안사의 난』 참고.

범양으로 돌아간 지 한 달 뒤에 해족 왕 이일월李日越을 생포했다고 조정에 보고한 것에 주목해야 한다. 이런 짓을 하고도 그는 어떻게 거란인과 해족인으로 결사대를 만들 수 있었을까?[5]

왜냐하면 거의 모두가 그에게 속았기 때문이다.

그렇다. 거란과 해족은 일찍이 제국의 변경을 위협한 우환거리였지만 이제는 당나라를 적대시하지 않고 자신들의 지역에서 편안히 살기만을 바랐다. 하지만 안녹산은 그들을 가만 내버려두지 않았다. 당 현종에게는 신뢰를, 양국충에게는 시기를 받는 변방의 장수로서 그는 반드시 사방에 위기가 도사리고 있는 듯한 분위기를 조성하는 동시에 적을 무찔러 전과를 올려야 했다.

그 결과, 어떻게 됐을까? 연달아 살인 사건이 일어났다. 안녹산을 믿었던 거란과 해족 부락의 추장들이 무심코 그의 식사 초대에 응했다가 살해되었고 그들의 부하들은 안녹산의 양자가 되었다. 용감하지만 단순했던 그 부하들은 조정의 명 때문에 부득이 그럴 수밖에 없었다는 안녹산의 말만 믿고서 모든 원한을 당나라에 돌렸다.[6]

이렇게 전과도 올리고, 원한도 만들고, 적수도 제거하고, 군사력도 강화했으니 안녹산으로서는 일석사조의 성과를 거둔 셈이었다.

그래서 안녹산은 손쉽게 퉁구스족 계열의 소수민족을 주축으로 하는 다민족 부대를 편성했고 마침내 20만 대군(실제로는 15만 명이었다)을 표방하며 '역적 양국충의 섬멸'을 명분으로 화북 지역에서 반기를 들

---

5 『자치통감』 217권 천보 13년 4월 항목 참고.
6 『구당서』 「안녹산전」과 평리화, 『안사의 난』 참고.

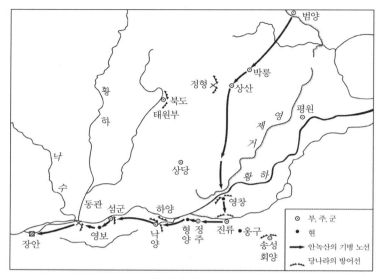

안녹산의 진군 노선도
쉬다오쉰·자오커야오, 『당현종전』 472쪽의 그림

었다.

그날은 천보 14년(755) 11월 9일이었다.[7]

반란은 치밀하게 계획된 게 분명하다. 안녹산이 범양(지금의 베이징)에
서 거병하고 바로 그 이튿날에 북경北京(지금의 산시성 타이위안) 부유수副留
守가 반군의 포로가 됐기 때문이다. 이를 통해 과거 당 태조 이연李淵의   **114**

---

7  안녹산의 거병과 표에 열거된 사건들의 일자는 관련 저작마다 조금씩 다르다. 본서는 모두 쉬다오
쉰·자오커야오, 『당현종전』의 고증을 따랐다.

| 월 | 일 | 사건 |
|---|---|---|
| 11월 | 9일 | 안녹산이 범양에서 반란을 일으킴 |
| | 10일 | 북경부유수가 반란군에 생포됨 |
| | 11일 | 화청궁에 보고가 전해졌지만 현종이 믿지 않음 |
| | 15일 | 양국충이 별 피해 없이 반란이 진압될 것이라고 주장 |
| | 16일 | 봉상청이 현종에게 큰소리를 침 |
| | 19일 | 반란군이 박릉을 함락 |
| | 21일 | 현종이 장안으로 돌아가 안녹산의 아들 안경종을 죽임 |
| | 22일 | 여섯째 황자인 영왕 이완을 원수로, 명장 고선지를 부원수로 임명하고 반란군을 토벌할 신병을 모집 |
| 12월 | 1일 | 고선지가 군대를 인솔해 출정 |
| | 2일 | 반란군이 영창에서 황하를 건넘 |
| | 5일 | 진류가 함락됨 |
| | 7일 | 현종이 친히 토벌에 나서겠다고 큰소리를 침 |
| | 8일 | 형양이 함락됨 |
| | 12일 | 낙양이 함락됨 |
| | 얼마 후 | 고선지와 봉상청이 퇴각해 동관을 사수 |
| | 16일 | 현종이 다시 태자에게 국정을 맡기고 친정에 나서겠다고 했다가 만류당함 |
| | 18일 | 봉상청과 고선지가 피살됨 |
| 이듬해 정월 | 초하루 | 안녹산이 낙양에서 칭제하고 국호를 대연으로 정함 |

천보 14년의 관련 사건 시간표

노선을 좇아 태원에서 곧장 관중 지역을 취하러 가는 것처럼 당 조정이 오인하게 만든 것을 비롯해 그 반란군이 정해진 계획대로 움직였음을 알 수 있다.

하지만 당 현종은 일주일이 지나서야 그 사실을 믿었으며 양국충은 자신의 판단이 사실로 드러난 것에 득의양양했다. 그는 황제에게 이렇게 말했다.

"모반한 자는 안녹산 하나뿐이고 동조하는 자들은 없을 겁니다. 며칠 안 가서 그자의 수급이 바쳐지고 별다른 피해 없이 반란이 진압될 겁니다."

신하들은 어리둥절해 서로 쳐다보았지만 현종은 정말 그럴 것이라고 믿었다.[8]

양국충의 생각이 전혀 일리가 없었다고는 말할 수 없다. 무측천 시대, 서경업徐敬業이 일으킨 반란의 결과가 바로 그랬기 때문이다. 그러나 이번에는 다음 표에서 보듯, 제국 정부는 안녹산의 맹렬한 공세에 거의 속수무책이었다. 안녹산은 범양에서 거병하여 낙양을 함락하기까지 겨우 34일밖에 안 걸렸다. 그랬으니 그가 "양국충의 머리가 왜 아직도 안 도착하는 거냐?"라고 의아해할 만도 했다.[9]

116

8 『안녹산 사적』 중권과 『자치통감』 217권 천보 14년 11월 항목 참고.
9 『신당서』 「양국충전」에 따르면 안녹산은 범양에서 거병한 후 "양국충의 목이 왜 이렇게 안 오는 것이냐?"라고 말했다고 한다.

속죄양이 되어 피살된 사람은 고선지高仙芝와 봉상청封常淸이었다.

고구려의 후예인 고선지는 제국의 명장인 동시에 당나라가 극성기에서 쇠퇴기로 넘어가는 상황을 직접 경험하고 목격한 인물이다. 그의 이야기는 뒤에서 또 다루게 될 것이다. 그리고 봉상청은 고선지가 키우고 발탁한 사람으로 그때 안서절도사安西節度使였다. 당시 상황에 대한 그의 계산은 양국충과 일치했고 그래서 황제 앞에서 "조만간 그 역적 오랑캐의 머리를 폐하게 바치겠습니다"라고 허풍을 치기까지 했다.[10]

현종의 걱정은 기쁨으로 바뀌었다. 그는 병력을 이동 배치하여 보름 동안 세 곳에 방어선을 구축하게 했다. 제1방어선으로 하남절도사河南節度使 장개연張介然이 병력 1만 명을 인솔해 진류陳留(지금의 허난성 카이펑開封)를 지켰고 제2방어선으로는 봉상청이 신임 범양, 평로절도사로서 낙양을 지키며 현지에서 병력 6만 명을 모집했다. 그리고 제3방어선은 고선지가 병마부원수兵馬副元帥의 신분으로 병력 5만 명을 인솔해 섬군陝郡(지금의 허난성 산현陝縣)을 지켰다. 이 세 방어선은 절친한 전우 두 명이 합동 작전을 펴는 형국이기도 해서 안녹산 정도는 염려할 필요가 없을 것 같았다.[11]

그러나 고선지가 12월 초하루에 장안을 떠나자마자 5일에 진류가 함락되었다. 서둘러 낙양에 도착한 봉상청은 또 임시로 모집된 병사들이 오래 전쟁터를 누빈 반란군과는 아예 상대가 안 된다는 것을 깨달았다. 그는 악전고투를 했지만 다섯 번의 전투에서 모두 패하여 낙양

---

10  두 『당서』의 「봉상청전」과 『자치통감』 217권 천보 14년 11월 항목 참고.
11  쉬다오쉰·자오커야오, 『당현종전』 참고.

을 잃고 말았다.[12]

연전연패한 봉상청은 할 수 없이 서쪽의 섬군으로 이동했고 고선지도 그의 건의를 받아들여 뒤로 물러나 동관潼關을 사수했다. 그것은 옳은 선택이었다. 섬군은 험지가 아니어서 공략당하기 쉬웠고 동관에는 강력한 군대가 없었기 때문이다. 만약 반란군이 섬군을 함락하거나 우회하여 직접 동관을 취한다면 제국의 동쪽 대문이 활짝 열려 수도 장안이 위태로워질 게 뻔했다.

그런데 당 현종은 고선지와 봉상청을 죽였다.

황제의 당시 속내가 어땠는지는 판단하기 어렵다. 단지 봉상청이 패전 후 세 번이나 사람을 보내 전황을 보고했는데도 현종이 접견을 거부했고 결국 그가 직접 장안에 가서 알현하려 했지만 역시 위남渭南에서 막혀 돌아간 사실만 알려졌을 뿐이다. 현종은 정반대로 한 소인배의 참언에는 귀를 기울였다. 그는 싸움이라고는 할 줄도 모르는 부덕하고 무능한 자였는데도 말이다.[13]

그자의 이름은 변령성邊令誠으로 황제가 감군監軍으로 파견해 고선지 곁에 둔 환관이었다. 감군 제도는 옛날부터 존재했지만 환관 감군은 당 현종의 발명품이었다. 그가 왜 그런 어리석은 생각을 했는지는 알 수 없지만 그 결과는 상상하기 어렵지 않다. 군대 일을 전혀 모르는 변령성이 마구 이래라저래라 하니 백전노장인 고선지가 말을 들을 턱이 없었다. 황제를 뒷배경으로 둔 그자는 뇌물까지 요구했지만 당연히

**118**

---

12  『자치통감』 217권 천보 14년 12월 항목을 보면 봉상청은 무뢰武牢, 규원葵園, 상동문上東門, 도정역都亭驛, 선인문宣仁門에서 차례로 다섯 번 패한 뒤, 결국 못 이기고 서쪽으로 달아났다고 한다. 따로 『구당서』 「봉상청전」의 표장表章을 보면 봉상청이 12월 7일에 적과 교전하기 시작해 13일에 패주함으로써 총 6일간 낙양 방어전을 치렀다고 나와 있다.

13  『구당서』 「봉상청전」 표장 참고.

뜻을 이루지 못했다.[14]

변령성은 앙심을 품고서 봉상청의 패전과 고선지의 퇴각을 복수의 구실로 삼았다. 낙양이 함락된 지 6일 뒤, 이미 파면된 상태였던 봉상청은 현종의 명을 받은 변령성에 의해 동관에서 참수당했다. 형이 집행되기 전, 봉상청은 미리 써놓은 유표遺表를 황제에게 올렸다. 그 글에서 그는 황제가 적을 경시하지 말고 조정이 하루속히 반란을 평정하길 바란다는 뜻을 밝혔다. 나라에 대한 절절한 충성심이 글에 흘러넘쳤다.

봉상청이 죽은 뒤, 변령성은 또 황명을 받들어 고선지를 죽이러 갔다. 고선지는 비분강개하여 변령성에게 말했다.

"내가 적을 만나 퇴각한 것은 죽을죄가 맞다. 그러나 군량과 군수품 횡령을 죄명으로 삼은 것은 무고다. 위로는 하늘이 있고 아래로는 땅이 있으며 삼군三軍의 장병들도 다 있는데 귀하는 설마 이 고선지가 횡령죄를 지었는지 안 지었는지 정말 모른단 말인가?"

변령성은 아무 말도 못했다.

고선지는 이어 부하들에게 말했다.

"형제들이여, 내가 그대들을 부른 것은 본래 적을 죽여 나라에 보답하고 공을 세우기 위해서였지만 지금은 단지 한마디 바른말을 듣고자 한다. 만약 내가 정말로 그대들의 군량과 군수품을 횡령했다면 유죄라고 소리치고, 그렇지 않다면 억울하다고 소리쳐다오."

**119** 이때 삼군의 장병들이 일제히 억울하다고 소리치는 바람에 대지가

---

14  『구당서』「봉상천전」과 『신당서』「고선지전」 참고.

뒤흔들렸다.[15]

이 사건은 오래 영향을 끼쳤다. 당나라만 보면 환관이 정치에 간섭해 조정을 좌지우지하는 화근을 만들었다. 또 후대 역사를 보면 명나라 때 똑같은 잘못이 저질러졌다. 이 문제는 깊이 있는 검토가 필요하지만 아무래도 나중으로 미뤄둘 수밖에 없다. 환관의 화는 명나라에 이르러 최고조에 달하기 때문이다.

하지만 당 현종은 자신의 잘못을 전혀 깨닫지 못했다. 이치대로라면 그는 전장에 임하여 장수를 바꾸는 것은 병법의 가장 큰 금기 사항임을 알아야 마땅했다. 더욱이 충성심 넘치고 용감한 명장을 살해했다! 그는 또 고선지가 봉상청의 건의를 받아들여 동관으로 퇴각하지 않았다면 자신은 아예 장안에 머무를 수 없었다는 것도 알아야 했다. 이제 적이 눈앞에 있고 방벽도 스스로 허문 상황에서 그는 다시 누구에게 의지해 기세등등한 안녹산을 막으려 했을까?

황제는 가서한哥舒翰이 떠올랐다.

---

15  이상은 『구당서』 「봉상청전」과 『신당서』 「고선지전」 그리고 『자치통감』 217권 천보 14년 12월 항목 참고.

# 동관 방어 전투

가서한은 본래 양국충이 갖고 있던 패였다.

안녹산, 고선지와 마찬가지로 가서한도 번장이었다. 다만 세 사람은 민족이 각기 달랐다. 안녹산은 소그드인, 고선지는 고구려의 후예였고 가서한은 서돌궐의 갈래인 튀르기시突騎施에 속하여 부락명인 '가서'를 성으로 삼았다. 그런데 가서한은 안녹산이 여우라고 비웃었으며 안녹산은 가서한을 돌궐의 개라고 욕했다. 안녹산과 그의 친척 형인 안사순安思順은 가서한과 철천지원수였다.[16]

양국충은 내심 이를 기뻐했다. 그는 적극적으로 가서한을 구슬렸고 현종도 두 번장 사이에서 균형을 유지하려 한 듯하다. 안녹산은 동북 삼진을 관할했고 가서한은 서북 지역을 관할했다. 그리고 안녹산은 동평군왕東平郡王에 봉해졌으며 가서한은 서평군왕西平郡王에 봉해졌다. 그 때 당 제국의 서역은 아름답고 풍요로웠다. 서평군왕의 사신은 항상 흰

121

낙타를 타고 도읍에 들어왔는데 하루에 500리를 주파했고 그 위풍이 실로 대단했다.[17]

가서한은 모든 일이 순조로웠다.

하지만 안타깝게도 기쁨이 극에 달하면 슬픔이 생기는 법이다. 득의 양양했던 가서한은 무절제한 생활로 그만 욕실에서 풍을 맞아 자리에 드러누웠다. 그래서 황제에게 재차 부름을 받고서야 고선지를 대신해 병마부원수가 되었다. 원수였던 영왕榮王 이완李琬이 죽고 나서는 또 황태자선봉병마원수皇太子先鋒兵馬元帥로 개칭했다. 그가 통솔한 부대는 안녹산의 부대처럼 역시 20만 대군이라 불렸다.

현종은 동관을 그에게 맡겼다.

반신불수 환자를 동관 방어전의 총사령관으로 임명한 것은 이유 여하를 막론하고 희한한 일이었다. 더 희한한 일은 그 반신불수 환자가 칼 솜씨는 녹슬지 않았는지 첫 전투에서 승리한 것이다. 안녹산이 대연 황제를 자칭한 지 10일 뒤인 지덕至德 원년(756) 정월 11일, 가서한은 동관을 침범한 안녹산의 차남 안경서安慶緖를 격퇴하여 불안했던 제국에 희망을 불어넣었다.[18]

하지만 양국충은 속이 뒤틀렸다.

이번에 일을 저지른 쪽은 가서한이었다. 3월 2일, 가서한은 사적인 원한을 풀 목적으로 황제를 압박해 당시 호부상서였던 안사순을 죽이게 했다. 안녹산과 내통했다는 것이 죄명이었다. 하지만 황제를 포함하

122

---

**17** 『자치통감』 216권 천보 12년 5월, 8월 항목 참고.
**18** 『신당서』 「가서한전」과 『자치통감』 217권 지덕 원년 정월 항목 참고.

여 모두가 그것이 날조된 사건임을 알고 있었다. 그런데도 수상인 양국충조차 속수무책이었다.[19]

본래 남을 음해하는 게 장기였던 양국충은 두려움을 느꼈다. 나아가 그를 더 두렵게 한 것은 20만 병력을 거느린 가서한의 직함 앞에 '황태자선봉'이라는 글자까지 덧붙여진 것이었다. 당시 태자 이형은 양씨 가문의 전횡과 횡포에 원한이 쌓인 지 이미 오래였다. 가서한이 정말로 기꺼이 태자의 선봉이 되어 태자와 손잡고 자신을 상대한다면, 심지어 태자가 천하를 취하게 돕는다면 그 결과는 상상만 해도 끔찍했다.[20]

양국충은 방비하지 않을 수 없었다.

이와 동시에 군 안에서 양국충에 반대하는 목소리가 갈수록 높아졌다. 적지 않은 이가 양국충이 안녹산의 반란을 초래한 장본인이라고 생각했다. 양국충만 죽이면 전쟁이 끝나고 자신들도 집에 돌아가 설을 쇨 수 있다고 여겼다. 가서한의 유능한 부하이자 고구려의 후예였던 왕사례王思禮는 심지어 자기가 30명의 기병을 데리고 가서 양국충을 죽이겠다고까지 했다. 가서한은 당연히 허락하지 않았다.

"그런 짓을 하면 반적은 안녹산이 아니라 나 가서한이 된다."[21]

이 말들은 곧장 양국충의 귀에 들어갔다. 그는 더 놀라운 얘기까지 들었다. 또 누가 가서한에게 3만 명을 남겨 동관을 지키게 하고 나머지 병력을 인솔해 장안으로 돌아가서 역적 양국충을 섬멸하자고 건의했다는 것이었다.[22]



**19** 『신당서』「가서한전」과 『자치통감』 217권 지덕 원년 3월 항목 참고.

**20** 양국충은 언젠가 양씨 자매에게 "본래부터 태자는 오랫동안 전횡을 했다는 이유로 우리 가문을 싫어했다. 그가 천하를 얻으면 나와 너희는 함께 목숨이 위태로워질 것이다"라고 말했다. 『자치통감』 217권 천보 14년 12월 항목 참고.

**21** 두 『당서』의 「왕사례전」과 『자치통감』 218권 지덕 원년 5월 항목 참고.

**22** 두 『당서』의 「가서한전」 참고.

이 말이 사실이라면 가서한이 안녹산보다 더 무시무시했다.

사실 이런 정보가 없었어도 양국충은 경계심을 가졌을 것이다. 더욱이 옆에서 이렇게 그를 일깨운 자도 있었다.

"지금 조정의 정예병은 전부 가서한의 수중에 있습니다. 만일 그자가 딴마음을 먹거나 이상 행동을 하면 상공은 위험해질 수밖에 없습니다."[23]

양국충은 당연히 앉아서 죽기만 기다리고 있을 수는 없었다. 그가 마련한 방법은 제2진과 후원 부대의 명목으로 장안과 동관 사이에 1만여 명을 따로 배치하는 것이었다. 하지만 가서한은 앞뒤로 적을 두는 것을 원치 않았다. 그래서 황제에게 그 병력도 자신이 통제하겠다고 주청하는 한편, 양국충이 임명한 지휘관을 동관으로 유인해 살해했다.

그날은 지덕 원년(756) 6월 1일이었다.[24]

이제 양국충과 가서한의 갈등은 도저히 풀 수 없는 지경이 되었다. 양국충은 자신이 가서한을 당해낼 수 없다는 것을 잘 알고 있었다. 가서한을 없앨 수 있는 사람은 오직 한 명, 안녹산뿐이었다. 그리고 안녹산을 도와 가서한을 해치우는 방법도 오직 한 가지, 그들이 동관 밖에서 결사의 전투를 치르게 하는 것뿐이었다.

양국충은 제국의 안위 따위는 신경 쓰지 않기로 했다.

사실 지난 반년 동안 천하의 대세에는 큰 변화가 있었다. 범양에서 거병한 지 한 달여 만에 안녹산은 그야말로 파죽지세로 연전연승하여    124

---

**23** 『자치통감』 218권 지덕 원년 5월 항목 참고.
**24** 두 『당서』의 「가서한전」과 『자치통감』 218권 지덕 원년 5월, 6월 항목 참고.

동도 낙양까지 함락하고 칭제했다. 하지만 지금은 달라졌다. 다른 두 명의 당나라 장수가 통솔하는 정부군이 하북河北에서 자주 승리를 거뒀고 함락 지역의 백성이 후방에서 항전을 벌이기도 했다. 그 바람에 안녹산의 친구 사사명은 고립되었으며 범양을 지키던 반란군은 감히 남하할 엄두를 못 냈다. 범양과 낙양 사이의 통로도 그만 끊겨버리고 말았다.[25]

상황의 변화는 안녹산에게 불리했다. 하북을 구하려니 낙양을 포기해야 했고 장안을 공격하려니 앞에 동관이 버티고 서 있었다. 또 잠자코 낙양을 지키고 있으려니 영 불안하고 꺼림칙했다.

안녹산은 진퇴양난에 처했다.

전쟁이 교착 상태에 빠져 누가 더 잘 참느냐가 관건이 되었다. 안녹산은 본래 인내력이 부족했다. 심지어 왜 반란을 일으켰는지 후회되어 펄펄 뛰며 부하들에게 욕을 했다. 하지만 어느 모사의 충고를 듣고 이 똑똑한 자는 금세 평상심을 회복하고 부하들과 밤마다 풍악을 울리며 즐겁게 놀았다.[26]

물론 교활한 안녹산이 그렇다고 아예 손을 놓고 있었을 리는 없다. 그는 한편으로 장병들이 쉬면서 힘을 비축하게 하는 동시에 다른 한편으로는 거짓 정보를 흘렸다. 그래서 멀리 궁궐 깊숙한 곳에 있던 당 현종은 이런 보고를 받았다.

125 "섬군을 지키는 반란군은 병력이 4000에도 못 미치고 모두 늙고 병

---

25  『자치통감』 218권 지덕 원년 5월 항목 참고.
26  『신당서』 「안녹산전」과 『자치통감』 218권 지덕 원년 5월 항목 참고.

든 데다 군기까지 해이해서 아예 아군의 적수가 못 됩니다."[27]

가서한은 바로 그것이 속임수임을 알아채고 조정에 글을 올렸다.

"안녹산은 전쟁터에서 잔뼈가 굵은 데다 반란까지 일으켰는데 어떻게 아무 방비도 없겠습니까? 함정을 파서 우리를 유인하려는 게 분명합니다. 사실 반군은 멀리서 와서 속전속결이 유리하지만 아군은 험지에 있어 굳게 지키는 게 유리합니다. 따라서 저들이 원하는 것과 정반대의 방법을 써야 합니다. 더욱이 반군의 소행은 민심을 얻지 못해 조만간 내분도 있을 겁니다. 바로 그때 황하 이북의 아군이 남하하고 우리 동관의 군대가 동진하면 반군은 스스로 무너질 겁니다."[28]

이에 대해 하북의 두 장수는 적극적으로 찬성을 표했다.

하지만 당 현종은 들은 척도 않고 어서 동관을 나가 공격하라고 가서한에게 명했다. 양국충은 더 호들갑을 떨며 좋은 기회를 놓쳐서는 안 된다고 주장했다. 이처럼 당 현종은 어리석고 경솔했으며 양국충은 교활하게 가서한을 사지로 몰아넣으려 했다.[29]

군주와 재상이 합심해서 불구덩이로 자신을 밀어버리는 바람에 가서한은 어쩔 수 없이 눈 딱 감고 아래로 뛰어내릴 수밖에 없었다. 6월 4일, 그 '황태자선봉병마원수'는 한바탕 대성통곡을 한 뒤 부대를 이끌고 동관을 나섰다. 그리고 4일 뒤인 6월 8일, 영보靈寶(지금의 허난성 링바오靈寶) 서쪽 들판에서 반란군과 격돌했다.

전투는 극도로 참혹했다. 가서한의 부대는 처음부터 거의 무작정 반 126

---

**27** 『자치통감』 218권 지덕 원년 6월 항목 참고.

**28** 두 『당서』의 「가서한전」과 『자치통감』 218권 지덕 원년 6월 항목 참고.

**29** 『신당서』 「가서한전」과 『자치통감』 218권 지덕 원년 6월 항목 그리고 쉬다오쉰·자오커야오, 『당현종전』 참고.

| 천보 14년(755) | | |
|---|---|---|
| 월 | 일 | 사건 |
| 12월 | 12일 | 낙양이 함락됨 |
| | 18일 | 봉상청과 고선지가 피살됨 |
| | 19일 | 가서한이 병마부원수가 됨 |
| | 23일 | 병마대원수인 영왕 이완 사망 |
| | 미상 | 가서한이 직함을 황태자선봉병마원수로 개칭 |
| 지덕 원년(756) | | |
| 월 | 일 | 사건 |
| 정월 | 1일 | 안녹산이 낙양에서 칭제하고 국호를 대연으로 정함 |
| | 10일 | 가서한이 재상의 직함을 추가로 받음 |
| | 11일 | 가서한이 안경서의 공격을 격퇴 |
| 3월 | 2일 | 안사순이 장안에서 피살되고 양국충이 그를 구하지 못함 |
| 6월 | 1일 | 가서한이 양국충의 심복 두건운을 살해 |
| | 4일 | 가서한이 부대를 이끌고 동관을 나섬 |
| | 7일 | 양쪽 군대가 영보에서 조우 |
| | 8일 | 영보의 결전에서 당나라군이 대패하고 가서한이 항복 |
| | 9일 | 안녹산군이 동관을 점령 |
| | 10일 | 양국충이 촉중으로 달아나자고 건의 |
| | 13일 | 새벽에 당 현종이 황급히 도주 |

동관 전투와 관련 사건 시간표

란군의 매복 범위 안에 들어갔으며 상대방은 시종일관 고양이가 쥐를 다루듯 노장군을 농락했다. 심지어 그들은 교전 초에는 오합지졸 시늉을 하다가 막상 반격을 시작한 뒤에는 온갖 수단을 다 동원했다. 그 결과, 가서한의 부대는 돌에 맞아 죽기도 하고, 불에 타죽기도 하고, 강물에 빠져 죽기도 하고, 달아나다 자기편에게 밟혀 죽기도 했다. 그렇게 거의 전군이 몰살당했다.

가서한은 부하에게 납치당했다.

역시 번장이었던 그 부하는 말했다.

"원수께서는 20만 병력을 잃었으니 무슨 면목으로 장안으로 돌아가 천자를 뵙겠습니까? 게다가 고선지와 봉상청의 말로가 어땠는지 설마 모르지는 않으시겠죠?"

그러고서 다짜고짜 가서한을 낙양으로 데려갔다.

안녹산은 가서한을 보고 몹시 기뻐했다. 그는 빙그레 웃으며 오랜 친구에게 물었다.

"옛날에 너는 늘 나를 무시했는데 지금 느낌이 어떠냐?"

가서한이 무릎을 꿇고 답했다.

"신이 우매하여 폐하를 못 알아뵀습니다."

안녹산은 더욱 기뻐하며 두 가지 조치를 취했다. 첫째, 가서한을 대연의 사공司空 겸 동중서문하평장사로 임명했다. 그리고 둘째, 가서한을 납치해온 번장을 '불충불의'의 죄명으로 살해했다. 가서한은 이에 대한 **128**

답례로 자신의 출신 부족에 편지를 보내 그들도 투항할 것을 권했다. 다만 아무도 이에 응하지 않았다.[30]

1년여 뒤, 가서한은 안경서에게 살해당했다.

동관은 영보 전투가 끝나고 그다음 날 적의 수중에 들어갔다. 동관에서 장안에 이르는 길의 장병들도 뿔뿔이 흩어져 저물녘 봉화대에 횃불을 켜 황제 폐하와 중앙정부에 평안함을 알리는 사람도 더 이상 없었다.[31]

이런 결말을 양국충은 처음부터 예상했을까?

---

**30**  이상은 『신당서』 「가서한전」과 『자치통감』 218권 지덕 원년 6월 항목 참고.

**31**  『자치통감』 218권 지덕 원년 6월 항목 호삼성 주 참고.

# 마외파의 변

양국충은 아마도 자신을 위해 퇴로를 남겨둔 듯하다.

퇴로는 바로 오늘날의 쓰촨, 당시의 검남劍南이었다. 한때 성도의 노름꾼이었고 검남절도사를 지낸 적도 있어서 양국충은 이른바 그 촉중蜀中 지역을 자신의 보금자리로 여겼다. 안녹산의 난이 일어난 뒤로 그는 그 지역에 대한 통제와 관리를 더 강화했다. 그래서 패배가 우려되는데도 가서한이 동관을 나가 싸우게 하라고 현종을 꼬드겼고 동관을 잃어 장안을 지키기 어려워졌을 때는 '촉으로 거둥할 것幸蜀'을 건의했다.[32]

귀비 마마는 당연히 찬성이었다. 그곳은 그녀의 친정이기도 했기 때문이다.

하지만 이 오누이는 애석하게도 자신들이 성도에 못 돌아가게 될 줄은 생각지도 못했다. 그들은 당 현종을 따라 장안을 탈출한 지 하루 **130**

32　두 『당서』의 「양국충전」과 『자치통감』 218권 지덕 원년 6월 항목 참고.

반 만에 장안에서 100여 리 떨어진 마외파馬嵬坡 혹은 마외역馬嵬驛에서 죽임을 당했다.[33]

그 변은 돌발적인 것처럼 보였고 그전에 벌어진 일련의 사건들도 모두 돌발적이었다. 예를 들어 6월 1일, 가서한은 서슴없이 양국충의 심복을 죽였고 4일에는 떠밀려서 동관을 나섰다. 그리고 6월 12일, 당 현종은 또 친히 전장에 나가 군대를 지휘하겠다고 선언했으며 그다음 날에는 감쪽같이 모습을 감췄다.

당시 궁궐에서는 한바탕 야단이 났을 것이다. 정사의 기록에 따르면 6월 13일 아침, 신하들은 평소처럼 조정에 나왔다. 궁문에 도착했을 때 그들은 시간을 알리는 물시계 소리를 똑똑히 들었고 의장대도 장엄하게 전각 앞에 서 있었다. 하지만 궁문을 열자 황제도 재상도 보이지 않고 궁녀들만 머리 없는 파리처럼 이리 뛰고 저리 뛰고 있었다. 바로 환관들이 달려와 황제가 어디 있는지 모르겠다고 말했다.[34]

그는 어디에 있었을까? 당연히 줄행랑을 쳤다.

실제로 당 현종은 날이 밝는 시간에 황급히 도망쳤다. 당시 장안성은 비가 보슬보슬 내렸으며 주작대가朱雀大街는 온통 고요했다. 황제는 비빈과 태자, 친왕, 황손을 데리고 측근인 환관들과 금위군에 둘러싸여 도둑처럼 몰래 궁궐을 빠져나갔다. 심지어 그는 시간이 부족했는지, 아니면 그럴 계획이 없어서였는지 궁 밖에 사는 왕공 대신과 자신의 친인척 그리고 황족의 후예들에게는 기별조차 하지 않고 그들을 아예

131

---

**33** 마외파는 산시陝西성 싱핑興平 경계 안에 있으며 당시 금성과 약 28리 거리였고 또 금성은 장안과 85리 거리였다.
**34** 『자치통감』 218권 지덕 원년 6월 항목 참고.

헌신짝처럼 취급했다.[35]

아마도 이때 원한이 싹텄을 것이다.

그 후의 신세는 보통의 난민과 다름없었다. 지엄하신 천자도 정오가 지나도록 밥을 굶었고 황손들은 얼마 안 되는 건량을 게걸스럽게 먹어 치웠다. 모두 피곤하고 배가 고파 만면에 눈물을 적셨다. 그렇게 천신만고 끝에 금성金城(지금의 산시陝西성 싱핑興平)에 도착했을 때는 이미 한밤중이었고 역참에는 개미 새끼 한 마리 없었다. 그들은 지칠 대로 지쳐 옷을 입은 채 한 덩어리로 비좁게 몸을 뉘어야 했다. 그것은 이전에 겪어보지 못한 고초였기에 이튿날 정오, 역참이 있는 마외파에 도착했을 때 금위군은 한 발자국도 더 나아가려 하지 않았다.[36]

가장 먼저 이 심상치 않은 상황을 눈치챈 사람은 그들의 사령관 진현례陳玄禮였다.

진현례는 왕모중이 피살된 후 금위군의 지휘를 맡았으며 청렴하고 직무에 충실해 황제의 신임을 듬뿍 받았다. 사령관으로서 그는 당연히 장병들이 화를 꾹 참고 있다는 것을 알고 있었고 또 그 화가 어디에서 비롯됐는지도, 그 화를 풀어주지 않으면 어떤 변이 일어날지 모른다는 것도 알고 있었다.

방법은 단 한 가지, 양국충을 죽이는 것뿐이었다.

그것은 진현례가 진작부터 하고 싶던 일이었다. 안타깝게도 장안에서는 뜻을 못 이뤘지만 이제 좋은 기회가 왔으니 절대 놓칠 수 없었다.

---

**35** 『구당서』「현종기하玄宗紀下」에 따르면 당 현종이 황급히 달아나면서 "보슬비에 젖었다微雨霑濕"고 한다.

**36** 『자치통감』 218권 지덕 원년 6월 항목 참고.

그래서 그는 장병들을 모아놓고 말했다.

"천하를 이 지경으로 만든 책임은 전부 양국충에게 있다. 이 간적을 죽이는 것에 대해 다들 어찌 생각하느냐?"

금위군은 입을 모아 말했다.

"그것을 염원한 지 오래이니 설령 죽어도 유감이 없습니다!"[37]

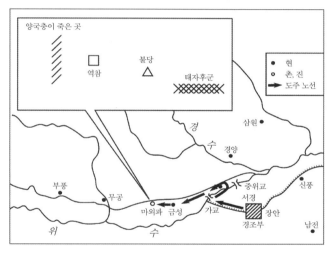

마외파의 변에 관한 약도
쉬다오쉰·자오커야오, 『당현종전』 511쪽의 그림

---

**37** 두 『당서』의 「양국충전」과 「진현례전」 참고.

신중한 진현례는 즉시 그 방안을 태자 이형에게 보고했고 태자는 적어도 반대는 하지 않았다. 이에 진현례는 당 현종을 찾아가 격앙된 어조로 말했다.

"양국충을 주살하십시오. 그자에 대한 백성의 분노가 하늘을 찌를 정도입니다. 지금 나라가 위태로워 속히 안전한 데로 피하셔야 하니 폐하께서는 부디 민의에 따라 양국충의 무리를 죽여 사직을 안정시키소서."[38]

사서에는 당 현종이 뭐라고 답했는지 기록되어 있지 않다. 다만 더 참을 수 없게 된 장병들이 벌써 행동에 나선 것만 기술되어 있다. 그때 마침 한 무리의 토번 사신단이 양국충에게 양식을 달라고 요구했다. 금위군은 그 기회를 틈타 "양국충이 다른 나라와 내통한다"고 소리치며 일제히 화살을 날렸다. 그리고 순식간에 양국충은 그들에게 겹겹이 둘러싸였다. 장병들은 이치를 따지거나 잘못을 성토할 생각도 않고 곧장 그를 난도질한 뒤 목을 베었다. 그리고 그 목을 창에 꽂아 역참 문밖에 높이 세워두었다.

양국충의 아들과 양옥환의 언니도 함께 피살되었다.[39]

그때 역참 밖에는 눈이 벌게진 금위군이 우글거렸다. 어사대부 위방진魏方進도 피살되었고 또 한 명의 재상인 위견소韋見素는 머리에 피가 나도록 얻어맞았다. 다행히 그는 평소에 사람됨이 후덕하고 일 처리가 공정해 죽음은 면했다.[40]

134

---

**38** 진현례가 태자에게 보고한 일과 이에 대한 태자의 태도는 『구당서』「양귀비전」, 『구당서』「위견소전」, 『자치통감』 218권 지덕 원년 6월 항목 참고. 진현례가 당 현종에게 한 말은 『구당서』「현종기하」 참고.
**39** 이상은 『구당서』「현종기하」와 두 『당서』의 「양국충전」 그리고 『자치통감』 218권 지덕 원년 6월 항목 참고.
**40** 『자치통감』 218권 지덕 원년 6월 항목 참고.

현종은 바깥이 소란스러운 것에 놀라 무슨 일이 났느냐고 물었다. 돌아온 대답은 "양국충이 모반했다"는 것이었다. 그는 경악을 금치 못했다.

"양국충이 모반을 했다고? 양국충이 어떻게 모반을 했다는 건가? 그럴 리가 없지 않은가?"[41]

다행히 황제는 곧 깨달았다. 양국충이 모두의 분노를 샀고 다들 그를 죽이기 위해 "모반죄를 뒤집어씌웠다"는 것을 말이다. 이것은 본래 궁정 투쟁의 관용적인 수단이었지만 이번에는 반기를 든 금위군에 의해 쓰였다. 하지만 그들에게는 정당성이 더 필요했고 황제 자신은 계속 그들에게 추대를 받아야 했으므로 밖에 나가서 무슨 말로든 위로를 해야 했다.

이에 당 현종은 바들바들 떨며 장병들 앞에 나섰다.

한발 앞서 진현례가 반기를 든 금위군을 위해 그에게 진정을 했다.

"양국충은 폐하를 속이고 국정을 어지럽혀 나라와 백성에 큰 화를 입혔습니다. 그자를 죽이지 않으면 동란은 평정되기 어렵다고 보았습니다. 신 등이 사직을 지키려고 먼저 그자를 참한 뒤 아뢰었으니 청컨대 신의 죄를 다스려주소서!"

당 현종은 이 말에 답함으로써 간신히 곤경에서 벗어났다.

"그게 웬 말인가! 그자의 간사함을 짐은 진작부터 알고 있어서 본래 촉중에 도착하면 공개 처형하려 했었네. 오늘 자네들이 신명의 계시

**135**

---

**41** 『신당서』「양국충전」참고.

를 받아 짐의 바람을 이뤄주었으니 공이 있을 뿐, 과실이 있을 리가 있나!"[42]

그러고서 황제는 부드럽게 말했다.

"모두 대오를 거두게."

하지만 장병들은 꼼짝도 하지 않았다.

현종은 할 수 없이 주춤대며 방으로 돌아가 얼마 후 고역사를 내보내 정탐을 하고 오게 했다. 고역사는 다들 아직 제자리에 있다고 하면서 자신의 생각을 털어놓았다.

"양국충은 죽었지만 귀비 마마는 아직 건재하시니 나중에 보복을 당할까 저들은 두려운 겁니다. 진현례도 말을 전하길, 역적을 주살했는데 그 여동생을 남겨두는 건 부적절하지 않느냐고 했습니다."[43]

그것은 현종이 전혀 생각지도 못한 일이었다. 머리를 세게 얻어맞은 듯, 그는 "짐이 스스로 처리해야 하는가"라는 말만 하고는 지팡이를 짚은 채 조용히 고개를 숙이고 있었다.

그때 사방은 무서울 정도로 고요했다.

위견소의 아들 위악韋諤이 더는 못 참고 입을 열었다.

"저들의 분노를 더 건드려서는 안 됩니다. 안위가 지금 이 시각에 달렸으니 속히 결정하소서!"

그는 피가 나도록 바닥에 이마를 찧었다.

현종이 말했다.

---

**42**  『구당서』「양국충전」참고. 당 현종과 진현례의 이 대화가 있었던 구체적인 시간은 나와 있지 않다. 하지만 양귀비가 죽은 뒤라고 하면 논리적으로도, 정황상으로도 맞지 않다.

**43**  두 『당서』의 「양귀비전」과 『구당서』「현종기하」 그리고 『자치통감』 218권 지덕 원년 6월 항목 참고.

"옥환은 늘 궁중 깊숙이 있었는데 누가 모반을 했는지 어찌 알았겠
나?"

고역사가 말했다.

"귀비 마마는 확실히 죄가 없으십니다. 그러나 항상 폐하 곁에 계시
니 장병들로서는 불안할 겁니다. 장병들이 마음을 놓아야 폐하도 마음
을 놓으실 수 있으니 부디 깊이 헤아리소서."

사실 깊이 헤아릴 필요도 없었다. 결론은 이미 나온 것이나 다름없
었다. 현종은 금위군의 독기 어린 얼굴을 다시 마주할 용기가 없었다.
아리따운 양귀비는 결국 불당에서 목을 매고 죽었다. 황제는 마음이
아파 자기 대신 진현례 등을 보내 시신을 확인하게 했다.

그제야 장병들은 만세를 불렀다.[44]

마외파는 역사에 기억되었다. 그곳은 현종이 상심한 곳이자 당 제국
의 전환점이었다. 그렇다. 황제가 자기 여자조차 지키지 못한다면 어떻
게 제국과 백성을 지킬 수 있겠는가? 그래서 금위군의 장병들이 묵묵
히 자신을 지켜보고 있을 때 현종은 분명 자신의 시대가 이미 끝났음
을 깨달았을 것이다.

물이 흐르고 꽃이 떨어지면 봄은 가버린다, 천상에서든 인간 세상에
서든流水落花春去也, 天上人間.

그런데 양국충과 양옥환, 이 두 사람의 목숨으로도 단지 잠깐의 안
녕을 확보했을 뿐이었다. 사흘 뒤 부풍군扶風郡(지금의 산시陝西성 평상현鳳

**137**

---

**44** 이상은 모두 『자치통감』 218권 지덕 원년 6월 항목 참고.

縣)에서 금위군이 다시 동요하여 진현례조차 통제가 불가능했다. 하지만 현종은 자기가 이미 털 빠진 봉황새가 됐다는 것을 똑똑히 알고 있었다. 이렇게 된 마당에 털을 몇 올 더 뽑은들 뭐가 대수겠는가?

그래서 황제는 장병들을 불러 방금 상납된 비단을 가리키며 이렇게 말했다.

"제군은 모두 나라의 공신으로 짐을 위해 처자를 버리고 떠나왔네. 이번에 촉중까지 가려면 산도 높고 길도 멀며 연도의 관아도 협소해 그 고생을 이루 다 말할 수 없겠지. 차라리 여기서 헤어지고 저 비단을 여비로 나누세나. 제군은 돌아가서 장안의 친지들을 만나면 짐을 대신해 안부를 물어주고 자신들도 스스로 잘 지내기를 바라네."

말을 마치고 그는 비 오듯 눈물을 흘렸다.

이에 장병들도 울먹이며 말했다.

"무슨 일이 있더라도 폐하를 따르겠습니다!"[45]

그 후에는 별다른 위험이 없었고 당 현종은 심지어 가는 길에 망명정부까지 구성해 세 명의 재상을 임명하고 몇 가지 제도와 법령까지 반포했다. 그리고 7월 29일, 46일간의 기나긴 여정 끝에 현종과 그의 추종자 1300여 명은 드디어 성도에 도착했다.

단지 그는 자기가 진작에 태상황으로 변해버린 것은 알지 못했다.

그러나 현종은 금위군이 부풍군에서 왜 또 한 차례 동요했는지는 분명 알고 있었을 것이다. 그 이유는 간단했다. 양국충과 양옥환이 피살

138

45  『구당서』의 「현종기하」, 「위견소전」과 『자치통감』 218권 지덕 원년 6월 항목 참고.

되고 그다음 날, 태자 이형도 그의 곁을 떠났기 때문이었다. 궁지에 처한 늙은 황제를 쫓아가는 것은 역시 전망이 없었다. 태자는 앞으로 제국의 국면이 어떻게 전개될지 고려해야만 했다.

# 숙종의 즉위

이형이 부황의 곁을 떠난 것은 겉보기에는 우연이었던 것 같다.

6월 15일, 현종 일행은 마외파를 떠날 채비를 했지만 어디로 가야할지가 문제로 떠올랐다. 한바탕 참극을 겪은 황제는 겸허해져서 마음을 비우고 금위군의 말에 귀를 기울였다. 장병들은 저마다 의견을 내놓았지만 결론이 나지 않았다. 누구는 농서隴西로 가자 했고 누구는 영무靈武로 가자 했으며 또 누구는 태원으로 가자 했다. 아예 장안으로 돌아가자는 사람도 있었다. 결국 위견소의 아들 위악이 "먼저 부풍으로 가서 위험부터 피하고 다시 얘기합시다"라고 결정을 내렸다. 그래서 앞에서 언급한, 비단을 나누는 것에 관한 에피소드가 생기게 된다.[46]

그런데 막 출발하려고 하자 그 지역 백성이 몰려왔다.

그 순박한 사람들은 현종을 붙잡으러 온 것이었다. 그들은 말 앞을 가로막고서 간곡한 어조로 말했다.

**140**

---

**46** 『구당서』 「위견소전」과 『신당서』 「위악전」 그리고 『자치통감』 218권 지덕 원년 6월 항목 참고.

"궁전이 폐하의 집이고 능묘가 폐하의 무덤입니다. 폐하는 집과 무덤을 버리고 어디로 가시려 하며 또 어디로 가실 수 있습니까?"

현종은 어찌할 바를 모르다가 할 수 없이 태자를 뒤에 남기기로 했다. 백성이 또 이런 말을 했기 때문이다.

"폐하가 정 가셔야 한다면 청컨대 태자 전하를 남겨 저희를 인솔해서 장안을 수복하게 해주십시오. 대대로 당나라 백성이었던 저희는 한마음 한뜻으로 역적을 토벌하길 원합니다. 만약 폐하와 전하가 다 떠나시면 누가 중원의 백성을 이끌겠습니까?"

그때 태자를 둘러싼 사람이 수천 명에 달했다.

태자는 부득이 떠나지 않았다.

떠나지 않은 데에는 세 가지 원인이 있었다. 첫째, 떠날 수 없었고 둘째, 떠나고 싶지 않았으며 셋째, 감히 못 떠났다. 오랫동안 태자 이형은 우선 이임보에게 억압당했고 그다음에는 양국충에게 배제당했다. 하지만 그 두 재상이 그렇게 날뛸 수 있었던 것은 그들 뒤에 현종이 있었기 때문이다. 만약 또 부황을 따라 촉중으로 가면 태자는 또 무슨 일을 당할지 몰랐다.

더구나 지금 너무나 좋은 기회가 왔다! 양국충이 죽고 양귀비도 죽었으며 현종은 크나큰 타격을 입었다. 이럴 때 빨리 결단을 내리지 않으면 거꾸로 손해를 보게 마련이다. 절대 이 좋은 기회를 놓칠 수 없었다.

141

| 천보 15년 또는 지덕 원년(756) | | |
|---|---|---|
| 시간 | | 사건 |
| 6월 | 13일 새벽 | 현종이 장안을 황급히 탈출 |
| | 13일 밤 | 현종이 금성(지금의 산시성 싱핑)에 도착 |
| | 14일 | 현종이 마외파에 도착하고 참변이 발생 |
| | 15일 | 현종과 태자 이형이 헤어짐 |
| | 16일 | 이형이 신평新平(지금의 산시성 빈현彬縣)에 도착 |
| | 17일 | 현종이 부풍(지금의 산시성 펑샹현)에 도착 |
| | | 이형이 안정安定(지금의 간쑤성 징촨현涇川縣)에 도착 |
| | 18일 | 이형이 팽원彭原(지금의 간쑤성 닝현寧縣)에 도착 |
| | 19일 | 현종이 진창陳倉(지금의 산시성 바오지寶鷄)에 도착 |
| | | 이형이 평량平凉(지금의 간쑤성 핑량平凉)에 도착 |
| | 20일 | 현종이 산관散關에 도착해 금위군을 재조직 |
| | 24일 | 현종이 하지河池(지금의 산시성 펑현鳳縣)에 도착 |
| 7월 | 10일 | 이형이 영무(지금의 닝샤寧夏 우중 북쪽)에 도착 |
| | 13일 | 현종이 보안普安(지금의 쓰촨성 젠거현劍閣縣)에 도착 |
| | | 이형이 영무에서 즉위해 연호를 지덕으로 바꿈 |
| | 19일 | 현종이 파서巴西(지금의 쓰촨성 몐양綿陽)에 도착 |
| | 29일 | 현종이 성도에 도착 |

현종의 도망과 이형의 북상 관련 시간표

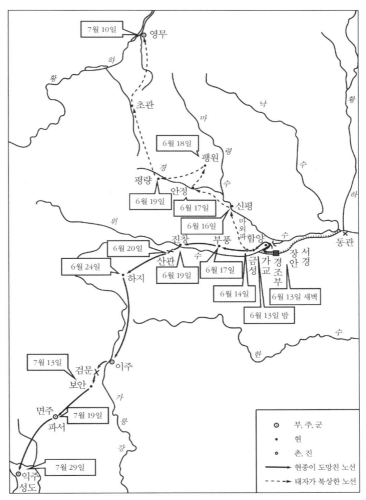

현종의 도망과 이형의 북상 노선도
쉬다오쉰·자오커야오, 『당현종전』 540쪽의 그림

태자는 이렇게 생각했고 태자를 따르는 무리는 더더욱 이렇게 생각했다. 이형의 두 아들과 환관 이보국李輔國은 말고삐를 꽉 붙잡고 이해관계를 역설했고 태자의 마음이 흔들리는 것을 눈치챈 백성은 더 겹겹이 그를 둘러쌌다. 태자는 어쩔 수 없이 그들의 요구를 들어주겠다고 했다. 이에 멀리서 기다리던 당 현종에게 잠시 후 전갈이 갔다.

"태자 전하는 못 떠나신답니다!"

황제는 길게 한숨을 쉬었다.

"하늘의 뜻이구나!"[47]

하늘의 뜻은 곧 백성의 뜻이었다. 이형의 아들 이담李俶이 말한 것처럼 민심의 향배가 가장 중요했고 당시 민심은 반란의 평정에 쏠려 있었다. 그런데 반란을 평정하려면 촉중으로 가면 안 되고 서북 지역이나 화북華北 지역으로 가야 했다. 의로움의 깃발을 높이 들고 서북과 화북의 세력을 연합해야만 민심을 한데 모아 나라를 재정비할 수 있었다.[48]

그래서 태자와 황제는 각자의 길을 갈 수밖에 없었다.

실제로 앞의 지도와 표를 보면 알 수 있듯이 현종과 이형은 이동 속도는 거의 같았지만 서로 완전히 다른 길을 택했다. 황제는 도망의 길을 갔고 태자는 구망救亡의 길을, 즉 나라를 멸망에서 구하려는 길을 갔다. 비록 이형의 능력과 패기는 부황보다 훨씬 못했지만 이번 선택만큼은 한 수 위였다.

물론 이형이 옳은 선택을 한 데에는 불가항력적인 면이 있었다. 처음　144

**47**　이상은 『자치통감』 218권 지덕 원년 6월 항목과 『구당서』 「숙종기」 참고.
**48**　『자치통감』 218권 지덕 원년 6월 항목과 두 『당서』의 「이담전」 참고.

에는 그도 도망을 쳤다. 반란군의 예봉에서, 그리고 부황의 통제에서 벗어나려고 처음 며칠 동안은 거의 미친 듯이 줄달음쳤다. 그때의 허둥대던 모습은 결코 아버지에 못지않았다.[49]

그런데 영무에 이르러 완전히 달라졌다.

영무는 오늘날의 닝샤후이족자치구寧夏回族自治區 우중吳忠 북쪽에 있었고 개원 9년(721), 제국은 이곳에 삭방절도구朔方節度區를 설치했다. 지도를 보면 바로 알 수 있듯이 북쪽에서 남쪽으로 흐르는 황하 동쪽 지역에서 북쪽 끝은 안녹산의 근거지인 하동, 범양, 평로였고 중간은 양측의 교전 구역이었으며 남쪽 끝은 낙양과 장안, 이 양대 함락 지역이었다. 그리고 황하 서쪽이 바로 삭방절도구였다. 만약 영무를 지휘부로 삼고 삭방을 본거지로 삼는다면 동진해서 곧장 안녹산의 소굴을 칠 수도 있었고, 남하해서 낙양과 장안을 수복할 수도 있었으니 실로 대단히 유리한 조건이었다.

삭방절도구의 사정도 꽤 좋았다. 지역 내에 둔전과 목장이 많았고 돌궐, 철륵, 당항黨項, 토욕혼土谷渾 등의 유목 민족과 상업에 능한 소그드인이 섞여 살았다. 그래서 삭방군은 안녹산의 반란군처럼 다민족 부대였다. 만약 우리가 과거에 태자 이형이 삭방절도대사를 겸임했다는 것까지 감안한다면 이런 안배가 그야말로 하늘의 뜻이었다는 생각이 들 것이다.

**145**　이형은 역시 기회를 놓치지 않았다.

**49**　『구당서』 「숙종본기」 참고.

현종과 헤어진 지 거의 한 달 뒤인 천보 15년(756) 7월 13일, 이형은 삭방 지역 관리들의 추대로 제위에 올랐다. 그가 바로 당 숙종이다. 당일, 연호를 지덕으로 바꿨으므로 그해는 지덕 원년이기도 했다.[50]

그날은 이형이 영무에 도착한 지 사흘밖에 안 됐을 때였다.

그렇게 급히 즉위한 것으로 인해 의심을 초래할 수도 있었기 때문에

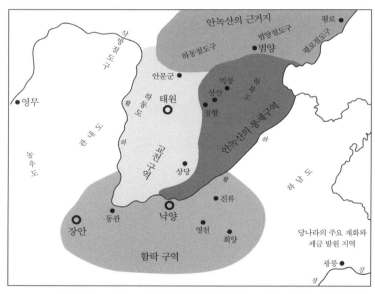

영무의 전략적 의의

**50** 두 『당서』의 「숙종본기」와 『자치통감』 218권 지덕 원년 7월 항목 참고.

고심해서 연호를 지었다. 지덕은 『효경孝經』 제1장에 나오는 말로 최고의 도덕이 효라는 것을 의미한다. 이를 통해 숙종은 자신이 어서 반란을 평정해 부황을 장안으로 모셔오기 위해서 칭제를 했다고 세상 사람에게 알리려 했던 게 분명하다. 태자로서 그것이야말로 큰 효이고 또 지덕이며 어떠한 도덕적 흠도 없는 정당한 행위였다는 것이다.

문제는 반란의 평정과 황제가 되는 것 사이에 필연적인 논리가 없었고, 현종이 이에 대해 명확히 권한을 부여하지도 않았으며 또 이형이 마외파의 변에 참여하고 나아가 그것을 주도한 혐의가 없지 않았다는 데 있다. 확실히 진현례가 당 현종에게 양국충을 주살하자고 말하기 전 먼저 자신에게 의견을 물었을 때 태자는 애매한 태도를 취했다. 이 애매한 태도는 몇 가지로 이해할 수 있다. 예컨대 묵인이었을 수도 있고 심지어 만에 하나의 실수도 없기를 바라는 것이었을 수도 있다. 또는 후대 역사가의 춘추필법, 즉 간단하고 함축적인 기술 방식이었을 수도 있다.[51]

그런데 진현례는 왜 태자에게 의견을 물었을까?

그전에 두 사람이 교감을 나눈 증거는 없다. 당 현종도 금위군의 사령관과 태자가 몰래 결탁하는 것을 허용했을 리가 없다. 실제로 마외파의 변 이후, 그들은 각자의 길을 갔다. 진현례는 황제에게 계속 충성을 바쳐 촉중까지 어가를 호위했다. 장안에 돌아온 뒤에는 또 숙종에 의해 '명예퇴직'을 당했다.[52]

---

**51**  쉬다오쉰·자오커야오의 『당현종전』은 "태자는 결정하지 못했다太子未決"가 언제 결행할지 결정하지 못했음을 가리킨다고 말한다.
**52**  두 『당서』의 「진현례전」 참고.

진현례는 태자당이 아니었다.

의심스러운 사람은 왕사례다. 전에 양국충을 동관으로 납치해서 죽여버리자고 했던 이 고구려인은 마외파의 변이 생기기 하루 전, 한밤중에 금성에 왔고 현종에게 하서河西와 농우隴右의 절도사로 임명받은 뒤 총총히 가버렸다. 그런데 문제는 이 사람이 현종의 명에 따르지 않고 숙종 즉위 후 새 황제를 추종해 관직이 사공에 이름으로써, 당나라 개국 이래 재상을 맡은 적 없이 삼공의 자리에 오른 유일한 인물이 됐다는 데 있다.[53]

따라서 왕사례가 도대체 무슨 특별한 공을 세웠는지 의심이 갈 수밖에 없다. 설마 그 심상치 않은 밤에 태자와 고역사 또는 진현례와 어떤 밀담을 나눴고 그래서 이튿날 마외파의 변이 일어난 것은 아닐까? 안타깝게도 사서에는 아무 단서도 나와 있지 않으므로 우리는 무죄 추정의 원칙을 따를 수밖에 없다.[54]

그래도 진현례가 태자와 양씨 가문의 관계를 잘 알았던 것은 확실하다. 낙양 함락 후, 당 현종은 자기가 친히 전투를 지휘하고 태자에게 국정을 맡기려 했다. 이에 양씨 세 남매는 서로 얼싸안고 통곡했다. 특히 양귀비는 입에 흙을 머금고 차라리 자기를 죽여달라며 애처롭게 황제를 만류했다. 그 바람에 태자의 집권은 없던 일이 돼버렸다.[55]

확실히 태자에게는 양국충이 철천지원수였고 양옥환도 장애물이었다. 이를 감안하면 왜 양국충을 죽인 후 양귀비까지 죽여야 했는지 이

148

53  『자치통감』 218권 지덕 원년 6월 항목과 두 『당서』의 「왕사례전」 참고.
54  펑리화, 『안사의 난』 참고.
55  두 『당서』의 「양귀비전」과 『자치통감』 217권 천보 14년 12월 항목 참고.

해가 간다. 만약 그 여자를 살려뒀다면 이번에는 입에 돌멩이를 물고서 황제를 흔들어댔을 것이다.

양옥환은 죽어야만 했다.

이 점을 태자, 고역사 그리고 진현례는 모두 잘 알고 있었다. 그들이 비밀 모의를 했는지, 아니면 서로 뜻을 안 밝힌 채 알게 모르게 금위군이 사고를 치도록 놔뒀는지는 이미 더 이상 중요치 않다. 당 현종도 아마 대세를 파악했기에 마외파에서 이형을 놓아주었을 뿐만 아니라 그가 칭제한 것까지 추인해주었을 것이다.

모든 것이 딱딱 맞아떨어졌고 또 순리대로 진행됐다.

물론 연출해야 할 장면은 어김없이 연출해야 했다. 예로 다스려진 고대 중국에서는 정치 무대에서의 어색한 연출이 늘 필수 코스였다. 그래서 황제 즉위 전에 신하들이 권유하러 대여섯 번이나 찾아오고 나서야 태자는 못 이기는 척 민의를 따를 수 있었다. 그래서 결국 새 역사의 막이 올랐다. 비록 숙종을 추대한 관리는 사실 몇 사람 안 됐고 그의 정부도 떠돌이 유랑 극단 규모였지만 말이다.

하지만 이 결정이 옳았음은 곧 사실로 증명됐다. 숙종이 즉위했다는 소식이 전해지자 바로 그달, 안녹산의 수하였던 동라同羅(터키계 민족인 철륵의 일파—옮긴이) 장병 5000명이 삭방에 귀순했으며 당나라의 경조윤京兆尹(수도의 시장)과 장안현령은 서시西市(대외 무역 지역)에서 무리와 함께 환호하고 반란군 수천 명을 죽인 뒤 호호탕탕하게 영무로 달려갔

다.[56]

　이어서 이필李泌이 반란 진압의 방책을 가져왔다. 곽자의郭子儀와 이광필李光弼은 정예군을 데려왔다. 그들은 숙종 시기의 가장 중요한 세 인물이다. 그들이 있었기에, 영무의 성루에서 초라하게 등극한 숙종 황제는 겨우 고립무원의 처지에서 벗어날 수 있었고 당나라의 부흥에도 희망이 생겼다. 비록 그 과정은 구불구불한 황하의 물줄기처럼 길고도 복잡했지만 말이다.

56 『구당서』「숙종본기」참고.

# 반란 진압의 과정

곽자의는 동란 초기에 삭방절도사를 맡았고 그 후 제국을 중흥시킨 명장이 되었다. 그는 심지어 장안을 두 번이나 수복했다. 한 번은 안녹산의 아들 안경서에게서, 다른 한 번은 토번에게서 수복했다. 당시는 안사의 난이 막 평정된 후였는데 그 틈을 타 토번이 공격해 들어왔다. 즉위한 지 1년이 갓 넘은 당 대종代宗은 섬주陝州(지금의 허난성 싼먼샤三門峽)로 도망쳤고 허약한 제국은 다시 멸망의 재난에 직면했다.

그런데 너무나 극적이게도 장안성의 토번군은 곽자의가 군대를 통솔해 곧 도착한다는 소리만 듣고도 성을 버리고 죄다 도망쳤다.[57]

하지만 2년 뒤, 그들은 다시 왔다.

이번에는 회흘回紇과 함께 왔고 곽자의는 그들을 분리해 와해시키기로 했다. 그는 회흘군 앞에 진영을 펼친 뒤 완전무장을 한 채 들락날락했다.

**151**

회흘군이 소리쳐 물었다.

"방금 저 대인이 누구냐?"

당나라군이 답했다.

"곽영공郭令公이시다."

곽자의는 중서령을 역임한 적이 있어서 영공이라고 존칭되었다.[58]

회흘군은 크게 놀랐다.

"곽영공이 아직 계시다고?"

"당연하지!"

"천가한天可汗(당나라 황제)은?"

"만수무강하시다."

회흘군은 또 말했다.

"영공이 정말 계시다면 우리가 좀 뵐 수 있겠느냐?"

순간 곽자의가 말을 타고 나와 갑옷과 투구를 벗고 창을 땅바닥에 던졌다.

회흘군이 놀라 외쳤다.

"곽아버지, 곽아버지시다! 정말 우리의 곽아버지시다!"

이에 전군이 말에서 내려 곽자의를 향해 회흘식 대례를 올렸다. 이에 곽자의는 회흘군 원수의 손을 잡고서 정으로 마음을 움직이고 이치로 생각을 돌려놓았다. 상대는 죄송해하며 말했다.

"여기에 영공의 장병들이 있는지 미리 알았다면 절대 오지 않았을 **152**

---

**58** '영공令公'이라는 단어에 관한 설명은 『자치통감』 223권 광덕 원년 10월 항목 호삼성 주 참고.

겁니다. 아니면 함께 토번을 칠까요?"

이 소식을 듣고 토번은 당일 밤 바로 퇴각했다.[59]

이 일화를 통해 곽자의가 이미 당나라의 수호신으로 여겨졌음을 알 수 있다. 그래서 당 숙종이 그에게 "이 나라는 짐의 것이지만 전부 그대가 재건해준 덕분이오"라고 말한 것이다.[60]

그러나 전공을 따진다면 이광필이 으뜸이었다.[61]

지금 돌아보면 현종 때는 번장이 구름처럼 많았다. 안녹산은 소그드인, 고선지는 고구려인, 가서한은 돌궐인, 이광필은 거란인이었다. 이 거란 추장의 후예는 거의 타고난 대장이었다. 똑똑하고 꾀가 많으며 용감하고 싸움에 능한 데다 군법을 철저히 집행했다. 한번은 어느 시어사侍御史가 군법을 어겨 체포됐는데 마침 그 사람을 승진시킨다는 조칙이 도착했다. 이에 이광필은 말했다.

"오늘은 본시 저 시어사를 죽이는 날이오. 만약 조칙을 밝히면 나는 어사중승을 죽이는 게 되겠지. 그가 재상이 된다면 재상을 죽이는 셈이 될 테고."

황제가 파견한 환관은 놀라서 반쯤 정신이 나갔고 부득이 조칙을 밝히지 못했다.[62]

강한 장수 밑에 약한 병사가 없다고, 이광필의 부하들도 재주와 담력이 뛰어났다. 어느 날 아침, 사사명의 맹장 이일월이 정예병 500명을 데리고 쳐들어왔다가 이광필의 부하가 참호 속에서 여유롭게 휘파

153

**59** 『신당서』「곽자의전」과 『자치통감』 223권 영태永泰 원년 10월 항목 참고.
**60** 『구당서』「곽자의전」참고.
**61** 『신당서』「이광필전」참고.
**62** 『구당서』「이광필전」참고.

람을 부는 것을 보았다. 이일월은 전투 중에 그러고 있는 자를 본 적이 없어 참지 못하고 물었다.

"태위太尉(이광필)가 있느냐?"

그자가 답했다.

"어젯밤에 가셨지."

"너희는 모두 몇 명이냐?"

"1000명이오."

"지휘관이 누구지?"

"아장牙將(중하급 장수―옮긴이) 아무개요."

이일월은 탄식하며 말했다.

"그러면 난 투항하겠다!"

이 투항은 이광필이 진작 예상했던 바였다. 그는 전날 밤에 떠나기 전, 병사들을 지휘할 아장에게 이런 말을 했다.

"내일, 사사명의 부하 중 분명 용맹한 자가 습격해올 것이다. 만약 오면 너희는 출전하지 마라. 만약 투항하면 내게 데려오고."

뜻밖에도 정말로 이일월이 투항했다.

더 뜻밖의 일은 사사명의 또 다른 맹장도 투항해온 것이었다.

이에 사람들이 어떻게 된 일이냐고 묻자 이광필은 이렇게 답했다.

"인지상정일 뿐이다. 사사명이 내가 성 밖에 있다는 얘기를 듣고 틀림없이 사람을 보낼 것 같았다. 또 이일월은 나를 못 잡으면 감히 못 돌아갈 것 같았고. 다른 맹장은 이일월이 우리 쪽에서 환대받고 중용되었다는 얘기를 듣고 뒤따라 투항한 것이다."[63]

실로 귀신같은 용병술이었다.

그래서 곽자의가 황명을 받자마자 이광필을 추천한 것이었다.

실제로 낙양 함락 후, 당 현종이 그래도 장안에서 근근이 반년간 버틸 수 있었던 원인 중 하나가 바로 곽자의와 이광필의 존재였다. 특히 그해 5월 29일의 가산嘉山(지금의 허베이성 취양현曲陽縣) 전투에서 두 사람은 연합하여 반란군을 대파하고 4만 명을 참수했다. 이때 사사명은 봉두난발에 맨발로 허둥지둥 도망쳤고 하북의 각 함락 지역이 잇따라 들고 일어나 당나라에 귀순했다.[64]

따라서 그때 당 현종이 양국충의 권유를 듣지 않고 세 장수의 건의를 받아들여 가서한으로 하여금 동관을 지키게 하고 곽자의와 이광필을 시켜 범양을 공격하게 했다면 어떤 결과가 나왔을지 어렵지 않게 상상할 수 있다.

실로 유감스럽기 그지없었다!

하지만 이제 황제가 숙종으로 바뀌었으니 더는 문제가 생기지 않았을까?

그렇지 않았다. 또 유감스러운 일이 벌어졌다. 숙종이 이필의 말을 듣지 않았기 때문이다.

**155**  이필도 희한한 인물이었다. 그는 일곱 살 때 현종의 눈에 띄었다고

---

**63** 『구당서』「이광필전」과 『자치통감』 221권 건원乾元 2년 10월 항목 참고. 두 책에 기록된 시간은 각기 다르다.
**64** 두 『당서』의 「곽자의전」과 『자치통감』 218권 지덕 원년 5월과 호삼성 주 참고.

한다. 당시 황제가 재상 장열과 바둑을 두다가 장열에게 이필을 시험해 보게 했다. 이에 장열이 바둑알을 들고 말했다.

"모난 것은 바둑판과 같고 둥근 것은 바둑알과 같으며 움직이는 것은 말이 산 것과 같고 멈춘 것은 말이 죽은 것과 같다方若棋局, 圓若棋子, 動若棋生, 靜若棋死."

그러자 이필은 다음과 같이 응수했다.

"모난 것은 의를 행하는 것과 같고 둥근 것은 지혜를 쓰는 것과 같으며 움직이는 것은 인재를 초빙하는 것과 같고 멈춘 것은 뜻을 이룬 것과 같습니다方若行義, 圓若用智, 動若騁才, 靜若得意."

확실히 이필이 더 고명했다!

아직 충왕이었던 숙종은 바로 그때 이필과 친구가 되었다. 태자로 책봉된 후에는 이필을 선생으로 삼아 더 존경했다. 그들은 동궁에서 평범치 않은 세월을 보내면서 이임보의 탄압을 받고 함께 뼈에 사무치는 고통을 겪기도 했다. 그래서 숙종이 제위에 오르고 나서 이미 죽은 이임보의 뼈를 부숴 가루로 만들려 했지만 이필은 뜻밖에 동의하지 않았다.

"옛날 일을 선생은 설마 잊으셨소?"

숙종의 물음에 이필은 이렇게 답했다.

"당연히 잊지 않았습니다. 하지만 태상황이 아직 성도에 계십니다. 태상황은 연세가 많고 건강도 안 좋으십니다. 만약 폐하가 지난 일을

156

들추고 계신 것을 아신다면 어떻게 생각하실지 잘 모르겠습니다. 그때는 폐하가 아무리 세상을 다 가지셨다 해도 태상황을 봉양하실 수 있을지 염려가 됩니다."

숙종은 대경실색했다. 그는 이필의 목을 끌어안고 울먹이며 말했다.

"짐이 잘못했소. 짐의 생각이 짧았소. 선생이 아니었으면 하마터면 효자가 못 될 뻔했소. 하지만 짐의 가장 큰 효도는 역시 장안과 낙양을 수복하고 천하를 평정하여 만민을 도탄에서 구하고 부황을 장안으로 다시 모시는 거요. 선생이 생각하기에 역적이 평정되기까지 얼마나 걸릴 것 같소?"

이필은 답했다.

"2년입니다."

"어째서요?"

"적의 마음을 헤아리니 그렇습니다. 신은 진작부터 적이 무슨 소득이 있으면 죄다 범양으로 옮기는 것을 보았습니다. 이렇게 구차한 적이 어떻게 중원을 차지하겠습니까? 크게 염려하지 않으셔도 됩니다. 그러나 왕의 군대가 신경 써야 할 것은 '만전을 기하고 오랜 안정을 도모하며 뒤탈이 없게 하는 것務萬全, 圖久安, 使無後害'입니다. 그러려면 눈앞의 성공과 이익에 급급하면 안 되며 착실하게 확실한 방법으로 싸우고 계획적으로 움직여야 합니다."

구체적인 방안은 오히려 간단했다. 이광필과 곽자의와 황제가 각자의 군대를 이끌고 하북, 하동, 부풍에서 번갈아 출격해, 적이 이리 뛰고 저리 뛰다가 기진맥진하게 만들어서 싸우지 않고도 승리하는 게 첫 순서였다. 그리고 이듬해 초봄, 서북의 각 부대와 이광필이 연합해 직접 범양을 취함으로써 적의 소굴까지 없앤다면 적은 돌아갈 곳이 사라져 불안해지고 싸울 의지마저 잃을 것이다. 바로 그때 전군을 동원해 사면에서 포위한다면 밥 한 끼 먹을 시간에 적을 섬멸할 수 있다고 보았다.

확실히 이것은 화근을 철저히 제거해 후환에 대한 걱정까지 덜 수 있는 방안이었다. 하지만 숙종은 찬성을 해놓고서는 다시 마음을 바꿨다. 그 이유는 역시 간단했다. 그는 장안과 낙양을 수복하고픈 생각이 너무 강해 2년이나 기다릴 수 없었고, 또 범양이 그렇게 중요하다고 생각하지 않았기 때문이다.[65]

이필의 계책을 따르지 않은 결과, 다음 표에서 보듯 장안과 낙양은 숙종이 원하던 대로 수복되었지만 전쟁은 5년 더 이어졌고 낙양이 다시 함락되기도 했다. 더욱이 안사의 난이 마지막으로 평정된 것도 사실 반란 집단의 내홍 덕분이었다. 먼저 안녹산이 아들 안경서에게 암살되고 안경서는 부하 사사명에게 참수당했으며 그다음에 사사명은 아들 사조의史朝義에게 목 졸려 죽었다. 마지막으로 사조의는 스스로 목숨을 끊었다.

만약 그들이 일치단결했다면?

---

**65** 『신당서』 「이필전」과 『자치통감』 218권 지덕 원년 7월 항목과 12월 항목 참고. 이필이 이임보의 일을 논한 것과 반란 진압의 방책을 제시한 일은 각기 『자치통감』 지덕 원년 7월과 12월 항목에 나타난다. 하지만 『신당서』는 "숙종이 이필의 목을 끌어안고 울었다" 뒤에 "적을 언제 격파할 수 있는지 조용히 물었다"는 말을 넣어 두 일이 동시에 일어났다고 보았다. 본서는 숙종의 말을 서술하면서 이담이 효를 논한 관점을 가미했다. 이것은 『자치통감』 218권 지덕 원년 6월 항목 참고.

| 서기 | 연호 | 월 | 사건 |
|---|---|---|---|
| 755 | 천보 14년 | 11월 | 안녹산이 범양에서 반란을 일으킴 |
| | | 12월 | 낙양 함락, 봉상청과 고선지가 피살 |
| 756 | 지덕 원년 | 정월 | 안녹산이 낙양에서 칭제하고 국호를 대연으로 정함 |
| | | 6월 | 동관을 잃고 가서한이 투항 |
| | | | 당 현종이 도주하고 마외파의 변이 발생 |
| | | | 태자 이형이 현종과 이별 |
| | | | 안녹산군이 장안에 진입 |
| | | 7월 | 이형이 영무에서 즉위 |
| 757 | 지덕 2년 | 정월 | 안경서가 안녹산을 죽이고 제위에 등극 |
| | | 9월 | 곽자의와 회흘이 연합해 장안을 수복 |
| | | 10월 | 낙양 수복 |
| 759 | 건원 2년 | 4월 | 사사명이 범양에서 칭제 |
| | | 9월 | 사사명이 낙양을 점령 |
| 761 | 상원 2년 | 3월 | 사사명이 피살되고 사조의가 제위에 등극 |
| 762 | 보응 원년 | 4월 | 현종, 숙종이 붕어하고 대종이 즉위 |
| | | 10월 | 당나라가 회흘과 연합해 낙양을 수복 |
| 763 | 광덕 원년 | 정월 | 사조의가 자살 |
| | | 윤정월 | 회흘의 대군이 돌아가고 안사의 난이 종결 |

안사의 난의 주요 사건 연표

뭐라고 말하기 어렵다.

불쌍한 당나라 백성만 두 황제의 잘못된 정책 결정 때문에 비싼 대가를 지불해야 했다. 보응寶應 원년(762) 10월, 제국은 두 번째로 낙양을 수복했다. 그런데 회흘의 힘을 빌리고 협약을 맺은 탓에 회흘군이 성에 들어가 미친 듯이 노략질을 해댔고 큰 화재까지 잇따랐다. 그들의 잔인함은 반란군 못지않았다. 사실 정부군도 하남 지역을 '적의 구역'으로 봤기 때문에 가는 곳마다 계속 노략질을 일삼았다. 장장 석 달이나 그랬는데 그들의 잔혹함도 '동맹군' 못지않았다. 그때 낙양성의 건물은 전부 파괴되었으며 주민들은 귀하든 천하든, 현명하든 어리석든 모두 종이를 옷으로 삼아야만 했다.[66]

그 상황은 실로 "흥해도 백성은 고생이고 망해도 백성은 고생이다興, 百姓苦, 亡, 百姓苦"라는 말과 딱 맞아떨어졌다.

백성은 나라의 근본이다. 낙양 민중의 고난은 사실 제국의 미래가 순탄치 못할 것임을 암시하고 있었다. 단지 당사자들은 아직 그 점을 의식하지 못하고 있었을 따름이다. 그들은 잘못된 길로 계속 멀어져 가고 있었다. 한 문명이 부패하다가 완전히 몰락할 때까지.

66 『자치통감』 222권 보응 원년 10월 항목 참고.

제4장

# 몰락으로 가는 길

환관 구사량은 음침한 표정으로 장막을 걷고 그 뒤에 앉아 있던 문종에게 말했다.
"폐하, 한림학사가 조서를 안 쓰면 여기 못 앉아 계실 듯합니다."

# 환관의 폐해

몰락은 황제가 환관에게 감군을 맡긴 날부터 시작되었다.

넓은 의미에서 환관은 궁중의 남성 직원으로 밤하늘 천제天帝의 별자리 서쪽에 환성宦星이 있어 그런 이름이 생겼다. 초기의 환관은 사인士人(생리적으로 정상인 양갓집 자제)과 엄인閹人(거세된 남성)을 포괄했으며 동한 때부터 엄인만 쓰기 시작했다. 명나라 때는 궁정 조직인 십이감十二監을 몽땅 환관에게 일임해서 결국 모든 환관이 다 '태감太監'이라는 존칭으로 불렸다. 현대에 중국을 침략한 일본군 병사가 다 '태군太君'이라 불린 것처럼 말이다.[1]

엄인을 환관으로 삼은 것은 당연히 후궁 비빈의 정절과 황족 혈통의 순수성을 보장하고 제왕의 체면이 깎일 만한 추문을 방지하기 위해서였다. 그래서 이집트, 페르시아, 인도, 로마, 아랍, 러시아, 조선, 베트남 등 고대 군주제 국가에서는 모두 엄인으로 환관을 충당했다. 영어

---

1  『후한서』 「환자열전서宦者列傳序」에서 "환관은 모두 엄인을 썼고 다른 사인을 섞어 뽑지 않았다"고 했다.

이름인 'eunuch'의 그리스어 어원의 뜻은 '침대를 수호하는 사람'이다.

유일한 예외는 일본이라고 한다.[2]

환관 제도의 뿌리가 가장 깊고 영향력이 컸던 곳은 중국이며 그 폐해가 가장 심했던 때는 한, 당, 명이다. 그리고 당나라 때 맨 처음 권세를 쥔 환관은 고역사다. 태자는 그를 형이라 불렀고 왕공은 그를 옹翁이라 불렀으며 부마는 그를 어르신이라 불렀다. 이임보, 안녹산 같은 인물도 그에게는 어느 정도 양보해야 했다.

다른 관리들은 당연히 그에게 아첨을 하는 데 더 온갖 재주를 부렸

당나라의 채색 환관 토용
투루판 아쓰타나阿斯塔納 고묘에서 출토되었고 신장웨이우얼자치구박물관에 소장되어 있다.  **164**

2   게가사와 야스노리氣賀澤保規, 『빛나는 세계 제국絢爛たる世界帝國』 참고.

다. 기록에 따르면 고역사가 장안에 보수사實壽寺라는 절을 지었다고 한다. 그런데 절의 종을 완성한 날, 조정 신하가 다 몰려와 종을 치고 십만금을 기부했는데 놀랍게도 종을 열 번 넘게 치지 않은 사람이 없었다고 한다.[3]

그는 태자보다도 더 위세를 누렸다.

게다가 다행히도 고역사는 똑똑한 사람이었다. 총애를 받았지만 교만하지 않았고, 세력을 얻었지만 전횡하지 않았고, 순종해도 아첨하지 않았고, 직언해도 황제를 불쾌하게 하지 않았다. 처세에 원칙과 한계와 기술이 있었다. 더욱이 대국적인 차원에서 형세를 살필 줄 알고 권력으로 사익을 도모하지 않아 황제에게 계속 신임을 받았으며 신하들도 반감을 갖지 않았다.[4]

현종 때의 대신들은 심지어 그와 같은 환관이 있다는 것을 다행으로 여겼을 것이다. 그는 황제가 대로했을 때는 진정제 역할을 했고 군신 간에 마찰이 있을 때는 윤활유 역할을 했다. 또 적잖은 일을 성사시키는 데 큰 도움이 되었다. 예를 들어 태자를 책봉할 때도 그랬다. 당시 이임보가 풍파를 일으켜 당 현종이 주저하는 것을 보고 고역사는 은밀히 한마디 거들었다.

"장자長子를 정통으로 세우는 데 누가 감히 다투겠습니까?"

황제는 크게 깨닫고 즉시 이형의 태자 책봉을 결정했다.

그것은 실로 결정적인 한마디였다. 만약 황제가 일을 주도하는 사람

3 이상은 두 『당서』의 「고역사전」과 『자치통감』 216권 천보 7년 4월 항목 참고.
4 『자치통감』 216권 천보 7년 4월 항목과 쉬다오쉰·자오커야오, 『당현종전』 참고.

이고 기타 이해관계가 있는 이들이 당사자라고 한다면 방관자가 적극적인 작용을 할 수도 있다. 다만 그 방관자는 반드시 청렴하고 깨어 있어야만 했다.

공교롭게도 고역사가 바로 그런 사람이었다.

그렇다. 그것은 공교로운 일이었다.

사실 고역사는 엄청난 부자였고 남에게 사례를 받기도 했지만 그가 어떤 뇌물 수수나 직권 남용을 했다는 얘기는 알려진 바 없다. 정반대로 어떤 일이 닥쳐도 먼저 황제의 이익을 고려했다. 그리고 황제에게 의견을 제시하든 아이디어를 내든 언제나 조심스럽게 개진했다. 현종의 최측근으로서 고역사는 시종일관 자신이 황제의 종일 뿐이라는 사실을 잊지 않았다.

당나라 중기와 말기의 환관은 완전히 딴판이었다.

이 점을 가장 잘 알았던 사람은 당연히 황제 자신이었다. 개성開成 4년(839) 11월 어느 날, 당나라 제14대 황제인 문종 이앙李昂은 돌연 한림원翰林院의 학사 한 명을 불러 이상한 질문을 했다.

"그대가 공부한 바에 따르면 짐은 전대의 어느 제왕과 비교될 만한가?"

"신은 우매하지만 세상 사람들은 다 폐하가 요순에 버금가는 군주라고 이야기합니다."

"짐은 사실 한 헌제漢獻帝와 비교될 만한지 묻고 싶네."

그 학사가 깜짝 놀라 물었다.

"폐하, 어째서 그런 말씀을 하십니까?"

"헌제는 권신에게 시달렸지만 짐은 종에게 시달리지 않나. 그렇다면 짐은 그만도 못하지 않나 싶네."

말을 마치고 그는 비 오듯 눈물을 흘렸다.[5]

문종이 말한 종은 바로 구사량仇士良이었다.

구사량은 정치를 어지럽힌 환관의 대표 격인 인물이다. 그는 20년 넘게 전횡을 일삼으면서 황제를 자신의 꼭두각시로 여겼다. 개성 연간의 어느 깊은 밤, 당직을 서던 어느 한림원 학사가 궁전 깊은 곳으로 불려갔다. 그곳은 사방이 장막으로 가려져 있었는데 구사량이 대청 위에 앉아 굳은 표정으로 말했다.

"태후께서 황제를 바꾸려 하니 조서를 기초하라!"

그 학사는 기절초풍할 정도로 놀랐다.

"그런 멸족을 당할 일을 감히 어떻게 하겠소?"

구사량은 잠시 조용히 있다가 장막을 걷었다. 그 뒤에 앉아 있던 사람은 놀랍게도 문종 황제 본인이었다. 그 우두머리 환관이 음침한 어조로 말했다.

"폐하, 저 학사가 조서를 안 쓰면 여기 못 앉아 계실 듯합니다."

문종은 고개를 숙인 채 아무 말도 하지 못했다.[6]

**167** 이것은 놀라운 이야기지만 실제로 그랬을 수 있다. 사실 애제哀帝 전

---

5 『신당서』「구사량전」과 『자치통감』 246권 개성 4년 11월 항목 참고.
6 『신당서』「구사량전」 참고.

의 당나라 황제 아홉 중 겨우 두 명(헌종憲宗과 경종敬宗)만 환관에 의해 옹립되지 않았으며 그들도 모두 환관에게 살해당했다. 환관의 권세는 그야말로 하늘을 찌를 듯했다.

그러면 도대체 왜 이렇게 되었을까?

직접적인 원인은 물론 환관이 금위군의 병권을 장악했기 때문이다. 당나라 수도의 주둔군은 일찍부터 남북의 구분이 있었다. 그중 북문의 주둔군인 금군禁軍이 황제를 지켰고 이들이 바로 금위군이었다. 그리고 남쪽의 주둔군인 위병衛兵은 정부를 지켰으며 이들은 사실상 중앙군이었다. 그러나 안사의 난으로 인해 중앙군은 와해되었고 금위군은 유명무실해졌다. 그 대신 조용히 부상하여 당나라 중기와 말기의 정치에 영향을 끼친 것이 신책군神策軍이었다.

신책군은 본래 가서한이 토번을 토벌하려고 만든 변방군으로서 안녹산이 반란을 일으킨 뒤 동부 전선에 배치되었다. 그런데 사사명과 맞서 싸우고 나서 그들은 자신의 본거지가 이미 토번에게 점령된 것을 깨달았다. 바로 그때 그들은 전방 감군으로 나온 환관 어조은魚朝恩을 만났고 그 기회에 어조은은 돌아갈 집을 잃은 그 병력을 자신의 세력으로 바꾸었다.

이어서 신책군은 두 번에 걸쳐 황제를 지켰다. 첫 번째는 토번이 장안을 함락했을 때였고 어조은과 신책군은 도망쳤던 대종을 성공적으로 맞아들여 다시 황위에 오르게 했다. 이어서 두 번째는 덕종德宗 때

쿠데타가 일어나 황제가 황급히 봉천奉天으로 달아났을 때였으며 이 번에도 신책군이 서둘러 달려가 황제를 구했다. 그래서 이미 어조은이 전횡과 횡포로 대종에게 주살을 당했는데도 불구하고 덕종은 그 부대 를 좌·우신책군으로 확충하여 자기가 신임하는 두 환관에게 병권을 주었다.

황제의 결정이 전혀 일리가 없었다고는 말할 수 없다. 어쨌든 신책군 은 변경에서 강하게 단련된 부대였으며 또 금위군으로 발탁되었기 때 문에 은혜에 감사하고 충성스러웠다. 그들을 이끄는 환관들 또한 기반 이 없고 후손도 없어서 절대로 안녹산처럼 스스로 칭제 같은 것을 할 리가 없었다. 따라서 환관들이 신책군을 통솔하면 마음을 놓을 수 있 었다.[7]

하지만 그 결과는 거의 재앙이었다.

재앙은 두 가지로 나타났다. 신책군은 부패했고 환관들은 방자해졌 다. 부패한 것은 이상한 일이 아니었다. 변방군에서 금위군으로 바뀐 후로 신책군은 싸울 일이 없어지고 특권만 생겼기 때문이다. 환관들이 방자해진 것도 이상한 일이 아니었다. 황제와 황제를 지키는 무장 세력 이 다 자신들의 수중에 있었기 때문이다. 황제가 말을 잘 들으면 그를 끼고 제후들에게 호령할 수 있었고 황제가 말을 안 들으면 갈아치우거 나 심지어 죽여도 무방했다.

**169**　　물론 일반적으로 환관은 황제를 죽이는 것을 선호하지 않았으며 황

---

7　이상은 『신당서』 「병지兵志」에 나오며 뤄쿤羅琨·장융산張永山 등, 『중국 군사 통사中國軍事通 史』와 데니스 트위칫, 『케임브리지 중국사-수당편』 그리고 게가사와 야스노리, 『빛나는 세계 제국』 참고.

제 제도를 반대하지도 않았다. 그들의 방법은 황제를 폐물로 만드는 것이었다. 구사량이 은퇴하여 고향으로 돌아갈 때 동료들에게 이런 질문을 한 적이 있다.

"노부가 황제를 어떻게 모셨는지 다들 듣고 싶으냐?"

환관들이 이구동성으로 듣고 싶다고 외치자 그는 말했다.

"핵심 중의 핵심은 황제를 한가롭게 놔두면 안 된다는 것이다. 한가로우면 폭넓게 책을 읽고 신하들을 접견해 의견을 들을 테니 우리한테는 좋을 게 없다. 따라서 최고의 방책은 황제를 방탕하게 만들어서 먹고 마시고 노느라 조정 일을 다 우리한테 맡기게 하는 것이다. 이렇게 하면 혜택과 권력이 또 어디로 갈 수 있겠느냐?"[8]

역시 구사량은 고역사가 아니었다.

확실히 사람은 믿을 수 없다. 현종 황제도 노년에 전혀 딴 사람처럼 변했는데 어떻게 모든 환관이 다 고역사이길 요구할 수 있겠는가? 정반대로 만약 황제가 당 현종이 아니었다면 고역사는 어쩌면 구사량으로 변했을지도 모른다.

믿을 수 있는 것은 제도밖에 없다.

그러나 문제는 여기에도 있었다. 제도에 따르면 최고 권력과 절대 권력은 황제에게 귀속돼야 했다. 그런데 그 권력을 황제 본인이 행사하는지 아닌지는 그가 행사할 능력이 있는지 없는지와 함께 아무도 신경 쓰지 않았다. 그래서 황후, 외척, 권신이 황권을 대리하곤 했으니, 단지 당    **170**

8 『신당서』 「구사량전」 참고.

나라 중기와 후기에 이르러 그 대리자가 환관으로 바뀌었을 뿐이었다.

더군다나 환관은 황제 제도와 공생 관계였다. 환관을 없애려면 먼저 황제를 없애야 했다. 환관을 억제할 수 있는 사람도 황제밖에 없었다. 그런데 만약 황제가 환관에 의해 지켜진다면 그가 어떻게 환관을 억제할 수 있겠는가? 마치 늪에 빠진 사람처럼 몸부림칠수록 더 깊이 빠져들 수밖에 없다.[9]

이것은 누구도 해결하기 힘든 문제였다.

제도에 문제가 생기면 사람에게 기댈 수밖에 없다. 실제로 당나라의 정치를 어지럽힌 환관의 폐해는 한 야심가에 의해 끝이 났다. 그는 장안에 들어온 후 단숨에 환관을 다 몰살시켰다. 다만 그는 내친김에 당나라의 목숨까지 끊었다.

환관은 실로 당나라와 존망을 함께했다.

171

---

**9**  예컨대 '감로甘露의 변' 후 당 문종이 그랬다. 여기에서는 다루지 않으므로 관심 있는 독자는 관련 사료를 읽어보기 바란다.

# 번진의 할거

환관이 정치를 어지럽히는 것과 동시에 번진藩鎭이 할거했다.

번진은 방진方鎭이라고도 했다. 방은 사방, 번은 울타리, 진은 변방을 지키는 주둔군을 의미했다. 그래서 번진의 본래 뜻은 바로 한쪽 변방을 지켜 중앙을 보호하는 것이었다.

가장 일찍 세워진 번진은 10개의 군구軍區로서 그중 9개 군구의 장관이 절도사, 1개 군구의 장관이 경략사經略使였으며 이른바 '천보십진天寶十鎭'이라 통칭했다. 그 10개의 군구 중 5개는 서북부에, 3개는 동북부에, 1개는 서남부에, 1개는 화남華南에 있었으며 전략적 목표가 명확했다. 바로 관중 지역을 지켜 세계 제국으로서의 지위를 보전하는 것이었다. 그래서 십진의 총병력은 49만 명이나 돼서 중앙군의 5.5배에 달했다.[10]

이것은 전형적으로 줄기가 약하고 가지는 강한 구조였지만 당 현종    **172**

---

**10** 이 부분과 그다음의 표는 모두 『자치통감』 215권 천보 원년 정월 항목 참고.

은 전혀 개의치 않았고 절도사들을 전부 번장으로 바꾼 이임보는 더욱 흡족해했다. 그 결과, 안사의 난이 일어나서 본래 중앙을 지켜야 하는 번진이 반정부 무장 세력으로 바뀌었다.

실로 뼈아픈 교훈이었다!

| 진명 | 관청 소재지 | 전임 절도사 | 병력 | 전략적 목표 |
|---|---|---|---|---|
| 안서 | 구자龜玆 | 고선지, 봉상청 | 2만4000 | 서역 안정 |
| 북정北庭 | 정주庭州 | 봉상청 | 2만 | 튀르기시와 키르기스 방어 |
| 하서 | 양주涼州 | 왕충사王忠嗣, 가서한 | 7만3000 | 토번과 돌궐 격리 |
| 농우 | 선주鄯州 | 왕충사, 가서한 | 7만5000 | 토번 방어 |
| 삭방 | 영주靈州 | 왕충사, 곽자의 | 6만4000 | 돌궐 방어 |
| 하동 | 태원 | 왕충사, 안녹산 | 5만5000 | 돌궐 방어 |
| 범양 | 유주 | 배관裴寬, 안녹산 | 9만1000 | 거란과 해족 제어 |
| 평로 | 영주營州 | 안녹산 | 3만7000 | 실위室韋와 말갈 안정 |
| 검남 | 익주益州 | 선우중통鮮于仲通 | 3만900 | 서쪽으로 토번과 싸우고 남쪽으로 만료蠻獠를 위무 |
| 영남 | 광주廣州 | 배돈복裴敦復 | 1만5000 | 이료夷獠 안정 |

천보십진 일람표
전임 절도사는 대표 인물만 뽑아 실었다.

천보십진 설명도

관청 소재지: 오늘날 구자는 신장웨이우얼자치구 쿠처현庫車縣, 정주는 신장웨이우얼자치구 지무싸얼현吉木薩爾縣, 양주는 간쑤성 우웨이武威, 선주는 칭하이성 러두현樂都縣, 영주靈州는 닝샤후이족자치구 우중, 태원은 산시성 타이위안, 유주는 베이징, 영주營州는 랴오닝성 차오양, 익주는 쓰촨성 청두成都, 광주는 광둥성 광저우廣州다.

하지만 제국은 반성하지 않았다. 반대로 속히 반란군을 이기기 위해 숙종과 대종은 후유증도 생각지 않고 번진 세력에게 달라는 대로 관직을 주는가 하면 투항자나 적의 배신자를 죄다 받아들였다. 그 결과, 번진은 숫자가 줄기는커녕 거꾸로 늘어났으며 세력도 약해지기는커녕 거꾸로 강해졌다. 제9대 황제인 덕종 때에 가서는 전국에 번진이 40곳이 넘었다. 그중 큰 것은 10개 주를 관할했고 작은 것도 3, 4개 주를 관할했다. 번진은 더 이상 변방군이 아니었고 내지에서 서로를 마주했다.[11]

바꿔 말해 수도와 그 부근을 빼고는 번진이 아닌 데가 거의 없었다.

새 번진들은 두 가지 계통으로 나뉘었다. 하나는 중앙계였다. 제국의 신설 절도구節度區로 정부군의 장수를 장관으로 임명했다. 이렇게 한 것은 당연히 반란 평정에 공이 있는 이들을 위무하기 위해서였다. 하지만 앞에 반란을 일으킨 절도사가 있었는데 뒤에 더 많은 절도사를 책봉해 그것을 가라앉히려 한 셈이었으니, 눈앞의 불을 끄려고 후환은 생각지도 않은 조치였다.

더 고약했던 일은 안녹산과 사사명의 부하 장수들도 투항 후 절도사가 된 것이었다. 그것이 바로 안사계였다. 안사계 장수들은 대부분 이민족이거나 이민족화된 한족이었다. 그들의 세력 범위도 대부분 이민족화가 심하게 진행된 지역이었다. 그런 지역은 풍속이 거칠고 무력을 숭상하여 문예와 교양을 중시하는 장안과는 문화가 전혀 달랐다.

---

11 『신당서』「병지」참고.

안사계가 지키는 지역의 통치 시스템은 군정합일軍政合一이 특징이었다. 절도사는 최고 군사 장관인 동시에 최고 행정 장관이었다. 전 지역에 퍼진 그의 군대는 그가 직접 임명한 장수들이 통솔했다. 그래서 장수가 사나우면 절도사를 갈아치울 수도 있었고 절도사가 사나우면 중앙에 대항할 수도 있었다. 중앙계의 절도구는 그렇게 막무가내는 아니었지만 그렇다고 꼭 말을 잘 듣지는 않았다.[12]

번진은 거의 '반半독립 왕국'이었다.

이런 상황은 동주東周와 다소 비슷했지만 그보다 혼란했다. 동주는 적어도 규칙을 중시했다. 천자와 제후, 제후와 대부는 모두 법으로 정해진 절차와 제도로 보장된 봉건적 관계를 갖고 있어서 어느 누구도 자기 멋대로 제후나 대부가 될 수 없었다. 하지만 당시의 절도사는 장수에 의해 옹립되거나 쫓겨날 수 있었으며 무력과 실권만이 유효한 수단이었다. 중앙정부는 유명무실해서 그저 사후 추인만 해주었다.

확실히 중앙계든 안사계든 모두 군벌이었다.

군벌은 혼전을 벌이게 마련이다. 실제로 안사의 난 이후 중상을 입은 당나라가 곧장 멸망하지 않은 원인 중 하나는 그 군벌들 스스로 혼전을 벌이면서 누구도 홀로 강대해지거나 천하를 통일하지 못한 데 있었다. 그래서 당나라가 멸망한 뒤 전개된 것도 단지 분열 상태의 오대십국五代十國이었다. 그것은 다섯 가지 메인 요리가 순서대로 나오며 주위에 열 가지 반찬이 놓인 잔칫상이었다.

12  이상은 푸러청傅樂成, 『중국 통사中國通史』와 두웨이윈杜維運, 『중국 통사中國通史』 참고.

| | 국가 | 수도(현재) | 개국 군주 | 연대 | 패망시킨 나라 |
|---|---|---|---|---|---|
| 오대 | 후량 | 카이펑 | 주온朱溫 | 907~923 | 후당 |
| | 후당 | 뤄양 | 이존욱李存勖 | 923~936 | 후진 |
| | 후진後晉 | 카이펑 | 석경당石敬瑭 | 936~947 | 요 |
| | 후한 | 카이펑 | 유지원劉知遠 | 947~950 | 후주 |
| | 후주 | 카이펑 | 곽위郭威 | 951~960 | 송 |
| 십국 | 남초南楚 | 창사長沙 | 마은馬殷 | 907~951 | 남당 |
| | 오월 | 항저우杭州 | 전류錢鏐 | 907~978 | 송 |
| | 전촉 | 청두 | 왕건王建 | 907~925 | 후당 |
| | 오 | 양저우揚州 | 양행밀楊行密 | 902~937 | 남당 |
| | 북한北漢 | 타이위안 | 유숭劉崇 | 951~979 | 송 |
| | 남한南漢 | 광저우 | 유엄劉龑 | 917~971 | 송 |
| | 형남 | 장링江陵 | 고계흥高季興 | 924~963 | 송 |
| | 민 | 푸저우福州 | 왕심지王審知 | 909~945 | 남당 |
| | 후촉 | 청두 | 맹지상孟知祥 | 934~965 | 송 |
| | 남당 | 난징南京 | 이변李昪 | 937~975 | 송 |

오대십국의 분열 형세

사실 이 우스꽝스러운 국면은 당나라 중기에 이미 시연된 바 있었다. 당 덕종 건중建中 3년(782) 11월, 하북의 절도사 네 명이 일제히 독립을 선언하고 누구는 '고孤', 누구는 '과寡'라고 왕의 겸칭을 사용했다. 그런데 엎친 데 덮친 격으로, 반란을 평정해줄 것으로 조정이 기대했던 회서절도사淮西節度使 이희열李希烈까지 뒤따라 반기를 들었으며 앞의 네 명에게 칭제하라는 꼬드김을 당했다.[13]

용맹했던 이희열은 안사계 번진의 절도사 이충신李忠臣의 양자였다. 그리고 폭력 조직에서 흔히 있는 이야기처럼 충분히 실력을 쌓은 뒤 양부와 사령관을 쫓아내고 스스로 절도사가 되었다. 이에 대해 조정은 싫은 기색 하나 없이 추인을 해주었다. 이번에 그는 더 큰 사고를 친 셈이었지만 제국 정부는 또 아무 말도 못하고 그저 덕망 높은 대신 한 명을 뽑아 시찰을 보냈다.

그 대신은 바로 안진경顔眞卿이었다.

안진경은 지금도 집집마다 모르는 사람이 없을 만큼 유명한 인물이다. 그는 당나라에서 으뜸가는 대서예가였을 뿐만 아니라, 안사의 난 때 적 후방에서 항전을 벌인 영웅이었다. 그의 사촌 형 안고경顔杲卿도 포로가 된 후 적을 욕하다 죽임을 당했다. 이렇게 강직한 사람이 반란군의 진영에 왔으니 당연히 화기애애한 분위기가 연출될 리는 없었다.

반란군은 바짝 긴장했다. 이희열의 친병과 1000여 명이 안진경을 에워싼 채 욕을 퍼붓고 창칼을 휘두르며 당장 잡아먹을 듯이 굴었다. 그

---

13  두 『당서』의 「이희열전」과 『자치통감』 227권 건중 3년 11월, 12월 항목 참고.

러나 안진경은 안색의 변화 없이 꿈쩍도 하지 않았다. 이희열은 할 수 없이 몸소 당나라의 그 태자 태사太師를 호위하여 정중히 군막 안으로 안내했다. 그러고서 그 네 명의 절도사가 보내온 편지를 꺼내 보여주며 물었다.

"사왕四王이 약속이나 한 듯 나를 추대하니 별다른 문제가 없는 것 아니오?"

안진경의 다보탑비多寶塔碑
이 비는 안진경이 44세에 썼으며 그의 초기 해서의 대표작이다.

이에 안진경은 말했다.

"사왕이라고? 사흉四凶일 뿐이오!"

이때 그 네 명이 보낸 사신들이 이희열에게 말했다.

"저희가 마침 신하가 되겠다고 아뢰려는 참에 태사가 왔으니, 이것은 하늘이 도통都統(이희열―옮긴이)께 재상을 내리신 게 아니겠습니까?"

그러자 안진경은 말했다.

"재상은 무슨 재상! 너희는 안고경에 관해 들어보았느냐? 바로 내 종형이시다. 또 노부는 팔십이 가깝도록 절개를 지켜 죽는 것을 알 뿐인데 어찌 그런 유혹에 넘어가겠느냐? 오히려 너희는 도리에 어긋나는 짓을 했으니 죽어도 묻힐 곳이 없을 것이다!"

이희열은 바로 마당에 커다란 구덩이를 파고 그를 파묻어 죽이겠다고 위협했다. 하지만 그는 꿈쩍도 하지 않았다.

"왜 그런 번거로운 짓을 하시오? 검으로 끝내면 더 화끈할 것을."[14]

이희열은 더 어쩔 도리가 없었다. 그는 반란을 멈추지 못했고 조정은 할 수 없이 병력을 파견했다. 건중 4년(783) 10월, 경원절도사涇原節度使 요령언姚令言이 황명을 받들어 5000명의 군사와 함께 경주涇州(지금의 간쑤성 징촨현)에서 양성襄城(지금의 허난성 샹청현襄城縣)으로 나아갔지만 뜻밖에도 중간에 쿠데타가 발생했다.

쿠데타는 작은 일 때문에 일어났다. 요령언의 부대가 흙먼지를 일으키며 장안에 당도했는데, 장안 시장(경조윤)이 병사들에게 잡곡과 들나 **180**

---

14 두 『당서』의 「안진경전」과 『자치통감』 228권 건중 4년 정월 항목 참고.

물을 내놓았다. 그때 하늘에서 큰비까지 내려 부대를 따라온 가족들이 추위와 굶주림에 시달리는 바람에 병사들은 속에서 천불이 났다.

"따스한 밥과 찬도 한술 못 먹는데 우리가 왜 목숨을 바쳐야 하는가? 장안의 창고에는 없는 게 없다. 저들이 내놓지 않으니 우리가 알아서 가져가자!"

이에 벌써 장안 동쪽 끝에 다다랐던 부대는 돌연 반란군으로 바뀌었다. 그들은 볼품없는 식사가 담긴 그릇을 발로 차버리고 북을 두드리며 성안으로 진격했다. 그때 궁 안에서 황제에게 하직 인사를 올리던 요령언은 그 소식을 듣고 깜짝 놀라서 빗발치는 화살을 무릅쓰고 병사들에게 다가가 소리쳤다.

"형제들, 이래서는 안 되네!"

그러나 반란군이 된 관병들은 들은 척도 않고 요령언까지 협박해 끌어들인 채 더 안쪽으로 파고들었다.

덕종도 크게 놀라 얼른 환관을 보내 관병 한 사람마다 비단 두 필씩을 하사하겠다고 전했다. 하지만 병사들은 더 분노해 환관을 죽이고 계속 전진했다. 황제는 서둘러 다시 사람을 보내 비단 스무 수레를 가져오게 했지만 벌써 성문이 격파되고 말았다. 반란군은 밀물처럼 거리와 골목을 채우며 소리 높여 외쳤다.

"백성은 놀라지 마시오! 우리는 황제만 털고 민가는 털지 않소!"

**181**    황제는 할 수 없이 도망쳤다.[15]

---

**15** 이상은 『구당서』 「요령언전」과 『자치통감』 228권 건중 4년 11월 항목 참고. 『구당서』는 요령언이 통솔한 병력이 5만 명이었다고 기록하고 있지만 여기서는 『자치통감고이』를 좇아 5000명으로 보았다.

그는 현종과 대종을 이어 세 번째로 유랑길에 나선 천자였고 서둘러 그를 구하러 간 부대가 앞에서 이야기한 신책군이었다. 반란을 일으킨 그 반란 진압 부대는 장안에서 2선으로 물러난 한 절도사를 황제로 삼고 처음에는 진秦, 다음에는 한漢이라 칭했다. 바깥에서 떠돌던 덕종은 이에 부득이 조칙을 내려 왕이라 칭한 그 다섯 곳의 번진을 사면해주었다. 그러나 이를 감사히 여긴 자는 세 명뿐이었으며 다른 두 명 중 한 명은 계속 남쪽을 공격했고 다른 한 명은 스스로 '초제楚帝'라 칭했다.

덕종은 어쩔 수 없이 또 도망쳤다.

그나마 다행히도 그 반란 부대는 집단이라기보다는 패거리에 불과했기 때문에 반란을 일으킴과 동시에 내분을 겪었다. 예를 들어 이희열은 부하에게 살해당했고 그의 뒤를 이은 부하도 자기 부하에게 살해당했다. 그런데 잇따라 사령관을 죽인 그 두 명의 부하도 당나라 정부에 의해 절도사로 임명되었다. 어쨌든 장안은 이미 그들을 제어할 능력이 없었으며 제국은 각 번진에 의지해야만 외적과 내란에 의해 멸망하지 않을 수 있었기 때문이다.[16]

허약한 당나라는 부득이 악인에게 관용을 베풀면서 악행을 더 조장했다.

그래서 이 내란이 평정된 후, 번진의 힘은 더 강해졌다. 덕종의 손자 헌종이 제위를 이었을 때 전국의 번진은 모두 48곳이었는데, 그중 중

---

**16** 고염무顧炎武, 『일지록日知錄』 「정사政事·번진藩鎭」에서는 말하길, "세상 사람들은 당나라가 번진 때문에 망했다고 하지만 중엽 이후로 토번, 회흘을 제어하지 못하다가 황소에게 망한 것이지 꼭 번진의 힘에 의해 그렇게 된 것은 아니다"라고 했다.

앙에 호구도 신고하지 않은 곳이 15곳이었고 매년 세금을 상납한 곳은 겨우 8곳이어서 그야말로 제어하는 것 자체가 불가능했다.[17]

그제야 헌종의 삭번削藩 조치가 시행되었다. 이를 위해 번진 16곳의 병력을 동원하고 3년에 걸쳐 회서 지역을 평정해야 했다. 그렇게 줄기 찬 노력 끝에 원화元和 14년(819) 봄, 전국의 번진들은 적어도 명의상으로는 중앙에 복종하게 되었다. 하지만 안타깝게도 이 유능한 황제 역시 후기에는 이상하게 변하여 결국에는 환관에게 목숨을 잃었다.

당 제국은 마지막 기회를 잃었다.

그 후로 80여 년간 기본적으로 조정에서는 환관이 정치를 어지럽혔고 바깥에서는 번진이 할거했다. 이에 우리는 묻지 않을 수 없다. 천하가 이 모양이 됐는데 설마 나라를 위해 걱정을 나눈 이가 없었을까? 조정의 대신은 또 뭘 하고 있었을까?

---

17  『구당서』「헌종본기상憲宗本紀上」참고.

# 조정의 내분

번진이 할거할 때 조정 신하들은 내부 투쟁을 벌이고 있었다.

그 투쟁은 치열했다. 헌종부터 선종宣宗에 이르는 반세기 동안, 패를 짓기를 꺼리는 소수를 빼고서 조정 신하들은 양대 파벌(당시에는 붕당이라 불렸다)로 나뉘어 각자 결탁하고 피차에 양보가 없었다. 인사 문제 같은 것이 불거지면 어전회의에서도 얼굴을 붉히며 못에 핏대를 세울 정도였다.

개성 3년(838) 정월 어느 날에는 이런 일도 있었다.

그날 회의에서는 어느 좌천된 관리의 업무 배치가 문제가 됐다. 당시의 황제는 문종이었다. 환관의 횡포에 반항하다 실패한 탓에 그는 사실상 보이지 않는 감옥에 갇힌 것과 같은 신세였다. 그래서 회의가 시작되자마자 한 파벌과 환관들의 합의에 따라 의견을 제시했다.

"그 사람은 외지에 좌천된 지 여러 해가 됐으니 관위를 높여주도록 하세."**18**

또 다른 파벌의 재상인 정담鄭覃이 즉시 레드카드를 내밀었다.

"폐하는 그가 가여워 그나마 겨우 몇백 리 밖으로 보내지 않으셨습니까. 만약 그를 다시 발탁하신다면 신은 자리를 내놓겠습니다!"

정담의 동료도 말했다.

"그자는 파벌 짓기만 일삼는 소인배입니다."

이에 반대편에서 말했다.

"일은 공정하게 해야지, 왜 개인의 호오를 말하는가!"

문종도 말했다.

"자사刺史직은 줘도 되지 않겠나."

그러나 정담은 말했다.

"기껏해야 홍주사마洪州司馬 정도면 족합니다."

홍주는 오늘날의 장시성江西省 난창南昌이고 장안에서 3000리나 떨어진 데다 그는 본래 형주衡州(지금의 후난성 형양衡陽)의 사마였다. 형주사마가 홍주사마로 자리를 옮기는 것은 보통 고을에서 큰 고을로 이동하는 것에 불과했으므로 그를 지지하는 이들은 당연히 받아들일 수 없었다. 이에 두 파벌은 황제의 면전에서 치열하게 입씨름을 벌였지만 끝내 결론을 내지 못했다.

조회가 끝난 후 문종이 옆 사람에게 물었다.

"재상이 저러는 게 말이 되는가?"

185

---

**18** 문종을 감옥의 죄수에 비유한 것은 천인커 선생이다. 천인커, 『당대 정치사 술론고唐代政治史述論考』 중편 참고.

옆 사람이 말했다.

"말이 안 됩니다만 정담 등도 충신이긴 합니다."[19]

문종은 더 말하지 않았고 할 말도 없었다. 그는 진작에 두 파벌의 적대 관계와 감정 다툼 그리고 자신의 무기력함을 경험한 적이 있었기 때문이다. 그래서 언젠가 감회 어린 어조로 이런 말을 하기도 했다.

"조정의 파벌을 없애는 것이 하북의 반적을 없애는 것보다 더 어렵군."[20]

그러나 조정 신하들은 그것을 인정하지 않았다.

또 한 번은 헌종이 물었다.

"파벌 싸움이 이렇게 심한 것은 무엇 때문이오?"

재상 이강李絳이 답했다.

"역대 왕조의 제왕이 가장 싫어한 것이 파벌 싸움이기 때문입니다. 그래서 소인은 군자를 공격할 때마다 그들이 파벌을 짓는다고 말하곤 했습니다. 파벌이라는 것은 거론하면 가증스러운데 조사를 해보면 실체가 없고 그것으로 누구를 해치기에 아주 편리합니다. 하물며 군자와 군자는 본래 같은 부류여서 마음이 맞고 저절로 한데 모이기 마련이지요. 설마 군자와 소인을 억지로 함께하게 한다고 파벌이 안 생기겠습니까?"[21]

결론은, 파벌 싸움은 없고 군자와 소인만 있다는 것이다.

혹은 군자가 함께하면 동지이고 소인이 함께하면 붕당이라는 것이    **186**

---

**19** 『자치통감』 246권 개성 3년 정월 항목 참고.
**20** 『자치통감』 245권 태화太和 8년 11월 항목 참고.
**21** 『자치통감』 239권 원화 8년 10월 항목과 『신당서』「이강전」 참고.

다.[22]

이 말은 듣기에는 일리가 있는 듯하지만 현실에 적용하기는 쉽지 않다. 적어도 우리는 당시의 두 파벌을 분별하기 어렵다. 도대체 누가 군자였고 누가 소인이었는지, 심지어 무고한 사람에 대한 동정심을 통해서도 판단할 방법이 없다. 왜냐하면 당 문종이 "조정의 파벌을 없애는 것이 하북의 반적을 없애는 것보다 더 어렵다"고 개탄한 지 얼마 안 돼서 양쪽 파벌의 리더가 모두 탄압받아 수도에서 쫓겨났고 연이어 좌천당한 데다 죄명도 완전히 날조된 것이었기 때문이다.[23]

마찬가지로 우리는 그 두 사람을 탄압한 이들을 비판하기도 어렵다. 그들은 환관의 폐해를 저지하는 것을 소임으로 삼고 그것을 위해 훗날 목숨까지 바쳤기 때문이다. 하지만 그렇다고 모두가 군자였다고 말할 수도 없다. 모두가 군자였다면 왜 두 패로 갈라져 그렇게 서로 못 잡아먹어 난리를 쳤단 말인가?[24]

군자소인론은 이쯤에서 거두는 게 좋을 듯하다.

하지만 어쨌든 조정의 신하들이 두 파로 나뉜 것은 사실이었다. 예컨대 이강은 또 다른 재상 이길보李吉甫와 불구대천의 원수였다. 이길보가 무엇을 주장하든 그는 반대했다. 이길보의 아들 이덕유李德裕는 또 이종민李宗閔, 우승유牛僧孺와 철천지원수였다. 앞에서 정담이 억압하려 한 그 좌천된 관리가 바로 이종민이었다. 그래서 당나라 중기와 말기의 파벌 싸움은 '이이二李 당쟁' 또는 '우이牛李 당쟁'이라고도 불렸다.[25]

**22** 재상 배도裴度가 헌종에게 이런 말을 한 적이 있으며 『자치통감』 240권 원화 13년 12월 항목에 나온다. 사마광은 더 강하게 의견을 피력했는데, 이는 『자치통감』 245권 태화 8년 11월 항목에 나온다.
**23** 탄압받은 두 파벌의 리더는 이덕유와 이종민이었다. 『자치통감』 245권 태화 9년 4월, 6월, 7월 항목 참고.
**24** 이덕유와 이종민을 탄압한 이는 '감로의 변'에서 수난을 당한 이훈李訓과 정주鄭注였다. 『신당서』의 이훈과 정주 합전合傳의 신찬臣贊과 『자치통감』 245권 태화 9년 11월 항목에 있는 사마광의 논평은 모두 이훈과 정주를 소인으로 보았다. 그러나 천인커는 이훈이 사실은 천하의 기재로서 기꺼이 환관의 부속품 노릇을 했던 두 파벌의 사대부들과는 확실히 달랐다고 평했다. 천인커, 『당대 정치

우승유와 이덕유도 소인이 아니었다. 전자가 재상이 된 것은 당 목종穆宗이 그가 뇌물을 거절한 청관淸官임을 알았기 때문이다. 또 후자는 당 무종武宗의 바람을 외면한 채 환관 구사량의 압력을 무릅쓰고 자신의 정치적 적수를 살리려 전력을 다함으로써 전임 재상 두 명을 칼날 아래에서 구해냈다.[26]

그렇다면 두 파벌의 내분은 무엇 때문이었을까?

번진과 관계가 있었고 출신과도 관계가 있었다. 이덕유와 정담은 북조北朝 이래 수백 년간 이어져온 관동關東 세족을 대표했으며 우승유와 이종민 일파는 대부분 진사과進士科 과거시험 출신의 관리였다. 번진과 이민족(주로 토번)을 상대하는 문제에서 전자는 강경한 태도를 견지했고 후자는 평화로운 해결을 주장했다.[27]

바꿔 말하면 세족 계열은 매파였고 과거 계열은 비둘기파였다.

정치적 견해에다 출신 성분까지 서로 첨예하게 대립했다. 세족 계열은 심지어 시문 중심의 진사과 시험을 없애고 경전 중심의 명경과明經科만 남기고 싶어 안달이었다. 정담은 문종에게 이런 말을 했다.

"관리가 능력만 있으면 되지 굳이 기예까지 필요합니까? 진 후주陳後主와 수 양제는 문장이 뛰어났는데도 나라가 망하고 가문이 무너졌습니다. 진사도 마찬가지여서 경망하고 천박해 중용하기에 부족합니다."

문종이 자신 없는 목소리로 말했다.

"일괄적으로 다 그렇다고는 할 수 없지 않나? 경박한 사람이 다 진

사 술론고』 중편 참고.

**25** 당쟁은 당시의 견해여서 오늘날의 시각으로 보면 오해가 생기기 쉽다. 사실 당쟁의 '당'은 정당parties이 아니라 붕당, 다시 말해 이익이 일치하거나 의기가 투합된 집단이었으므로 파벌factions이라 부르는 게 더 정확하다. 그들의 투쟁은 우승유, 이종민, 이덕유가 정치 무대에 등장하기 전부터 시작되었다. 그래서 본서는 '우이 당쟁'이나 '이이 당쟁' 같은 전통적인 견해는 채용하지 않았다.

**26** 당 목종 장경長慶 3년 정월, 어떤 부패 사건이 터졌다. 황제는 친히 조서를 열람하다가 해당 관리의 개인 장부에서 "모년 모월 모일, 호부시랑 우승유에게 돈 1000만을 줬지만 받지 않았다"는 기록을 발견했다. 당 목종은 뜻밖의 사실에 크게 기뻐하며 "내가 사람을 잘못 보지 않았다"고 말했고 우

사과 출신도 아니고 그중 돈후한 사람도 있으니까 말이야. 더구나 진사과를 세운 지 벌써 200년인데 그렇게 쉽게 폐지해서야 쓰겠나."

"그러면 너무 밀어줘서도 안 되지요!"[28]

누구를 믿고 이렇게 강경한 태도를 취했을까?

바로 환관이었다.

정담과 환관이 어떤 관련이 있었는지 밝혀줄 만한 증거는 없다. 하지만 조정 신하들의 파벌과 환관 집단은 확실히 얽히고설켜 있었다. 주전파인 세족 계열의 이길보 무리가 헌종 때 득세한 것은 헌종이 번진을 억제하려 했기 때문만이 아니라 우두머리 환관 토돌승최吐突承璀가 매파였기 때문이기도 했다. 정반대로 헌종과 토돌승최가 비명횡사하여 황제와 우두머리 환관이 다 교체되자, 병력 확대 정책은 병력 감축 정책으로 바뀌었고 권력자도 과거 계열의 이종민과 우승유로 바뀌었다.[29]

그 후의 전개는 마찬가지로 실망스러웠다. 토돌승최를 죽인 환관 왕수징王守澄도 살해당한 뒤 궁정을 독차지한 자는 횡포한 구사량이었다. 결과적으로 이종민과 우승유는 모두 천 리 밖으로 좌천당했으며 이덕유가 다시 재상이 되어 곧장 관직이 태위에 이르고 위국공衛國公에 봉해져 자기 정치 이력의 최고점에 다다랐다.

두 파벌의 성쇠는 우두머리 환관의 교체와 시기가 거의 일치했다.

**189**    하지만 정국이 완전히 환관에게 좌우되어 황제와 조정 신하는 허수

승유를 중서시랑 겸 동중서문하평장사로 임명했다. 이 일은 두 『당서』의 「우승유전」과 『자치통감』 243권 장경 3년 정월, 3월 항목에 나온다. 이덕유가 사람을 구한 일은 『신당서』 「이덕유전」과 『자치통감』 246권 회창會昌 원년 3월 항목에 나온다.

**27**  이에 대해서는 푸러청, 『중국 통사』에 개략적인 설명이 있다.

**28**  두 『당서』의 「정담전」 참고.

**29**  이종민은 토돌승최의 집권기에 이길보와 이덕유 부자에게 미움을 샀다. 이강은 사사건건 이길보와 맞섰는데, 역시 이길보가 토돌승최와 결탁해 나쁜 짓을 일삼는 것을 경멸했기 때문이라고 한다 (두 『당서』의 「이강전」 참고). 하지만 옛 역사의 이런 도덕적인 입장은 사실 믿을 게 못 된다. 왕중뤄王

아비와 연극배우일 뿐이었다고 말한다면 그것은 다소 지나친 표현이다. 기세등등했던 구사량도 훗날 이덕유에게 제압당해 두려움을 느끼고 퇴직을 신청했다는 것을 잊어서는 안 된다.[30]

여기에서 도덕적 비판을 하는 것은 더 불필요하다. 사람들이 어떻게 생각하든 사실상 환관이 장안 정계의 중요한 부분이었다는 것은 인정해야만 한다. 그리고 자연스러우면서도 의심할 여지 없는 결론은 바로 이렇다. 만약 관리가 환관과 광범위하게 접촉하며 모종의 막후 화해와 묵계를 이루지 못했다면 아무 일도 해내지 못했을 것이다.[31]

하물며 황제도 아주 무기력하지는 않았다. 선종이 정무를 보기 시작하고 바로 다음 날, 이덕유는 재상직을 잃고 연달아 좌천되었다. 마지막에는 억울한 사건을 날조했다는 추문으로 인해 애주사호참군崖州司戶參軍으로까지 강등되었다. 그것은 오늘날의 하이난성海南省 충산瓊山의 말단 공무원에 해당했고 관등은 종8품하從八品下였다.[32]

그야말로 바다까지 곤두박질친 격이었다.

당시 이덕유는 애주에서 비분이 가득했을 것이다. 그는 늘 오르던 망궐정望闕亭에서 아래의 시를 남겼다고 한다.

홀로 강가 정자에 올라 도읍을 바라보니
새가 날아가도 반년은 걸릴 여정이네
푸른 산은 사람이 돌아갈까 두려운지

**190**

仲華는 당시 누가 이강을 추어올리느라 과장한 면이 있다고 생각했다. 사마광이 엮은 『자치통감』도 그런 경향이 있다. 두 이씨의 시비곡직은 아직 검토가 필요해서 이강이 꼭 옳았고 이길보는 꼭 틀렸던 것 같지는 않다. 왕중뤄, 『수당오대사隋唐五代史』 참고.

**30**   천인커는 『당대 정치사 술론고』 중편에서 조정 사대부가 조직한 붕당의 동태는 궁정 환관 당파의 반영이라고 했다. 궁정 환관이 능동적인 역할을, 조정 사대부가 피동적인 역할을 담당했다는 것이다. 푸러칭, 『중국 통사』에서는 "이 시기의 정치적 중심은 환관이었으며 조정은 우당牛黨이든 이당李黨이든 정치적으로 부차적인 역할을 했다"고 말한다. 본서는 이에 전적으로 동의하지는 않는다.

**31**   데니스 트위칫, 『케임브리지 중국사-수당편』 참고.

천 둘레 만 바퀴 애주성을 휘감고 있네
獨上江亭望帝京
鳥飛猶是半年程
碧山也恐人歸去
百市千遭繞郡城[33]


정말로 그는 돌아가지 못했다.

장안으로 돌아갈 길이 막힌 이덕유는 애주에서 홀로 이곳저곳을 다녔다. 그러다가 어느 선원禪院에 들렀고 벽에 10여 개의 호리병박이 걸린 것을 보았다. 이에 그는 방장 승려에게 물었다.

"호리병박에 넣어 파는 게 무슨 약이오? 저것으로 제자를 구할 수 있소?"

방장은 한숨을 쉬었다.

"약은 무슨 약입니까. 뼛가루입니다. 저 사람들은 모두 귀하가 옛날에 사적인 분풀이를 하려고 여기에 좌천시켜 죽게 한 이들이죠."

이 말을 듣고서 이덕유는 망연자실했고 마음이 죄어들 듯 아팠다.

그날 밤, 그는 세상과 영영 이별했다.[34]

그 후 얼마 지나지 않아 궁정의 환관들은 더는 말썽을 부리지 않았고 조정 신하들과 결탁하지도 않았다. 조정의 파벌도 선종이 죽고 나서 저절로 해체되어 연기처럼 사라졌다. 다만 그때는 망국이 얼마 안

191

---

**32** 『신당서』「선종기」참고. 『구당서』「지리지사地理志四」에서는 애주를 하주下州라고 하며 『구당서』「직관지삼職官志三」에서는 하주사호참군이 종8품이라고 한다.

**33** 이덕유, 「등애주성작登崖州城作」참고. 이 시의 또 다른 판본은 "홀로 높은 누각에 올라 도읍을 바라보니, 새가 날아가도 반년은 걸릴 여정이네. 푸른 산은 사람을 남겨 머물게 하려는 듯, 천 둘레 만 바퀴 애주성을 휘감고 있네獨上高樓望帝京, 鳥飛猶是半年程. 靑山似欲留人住, 百市千遭繞郡城"다.

**34** 이상은 『당어림唐語林』7권에 나온다.

남은 시점이었다.

이렇게 보면 왁자지껄하게 반세기나 계속됐던 그 파벌 싸움은 사실 무료하기 짝이 없었다. 본래 제국의 중추여야 했던 사대부 계급이 환관의 예스맨과 부속품이 됐을 뿐만 아니라, 작당해 사리사욕을 꾀하고 서로 옥신각신하는 데 재능과 지혜를 발휘하는 바람에 인재가 묻히고 국력이 낭비되고 말았다. 그래서 마침내 내분이 마무리됐을 때는 국가의 운명을 바꿀 수 있는 내부의 힘이 거의 남아 있지 않았다. 허약하고 쇠락한 왕조는 심지어 자기 무덤을 팔 힘도 없었고 외래 세력에 의지해 관뚜껑을 닫아야 했다.[35]

---

35  이 부분에서는 천인커 외에 게가사와 야스노리, 『빛나는 세계 제국』의 관점도 인용했다.

# 호인의 딴지

외래 세력은 우선 호인, 즉 이민족이었다.

혼혈 왕조로서 당나라는 호인과 끊을 수 없는 인연이 있었으며 안사의 난 전후로는 번장들이 돌아가며 등장했다. 소그드인 안녹산이 반란을 일으켰고, 고구려인 고선지가 피살됐고, 돌궐인 가서한이 투항했고, 거란인 이광필이 반란을 평정했고, 마지막으로 제국의 상처에 소금을 뿌린 사람도 철륵인 복고회은僕固懷恩이었다.

철륵은 본래 돌궐의 북쪽 이웃으로 회흘, 동라, 복고 등의 부락이 있었다. 그들은 맨 처음에 오늘날의 시베리아와 몽골 북부에서 활동하다가 태종 때 당나라에 복속되었다. 복고인 추장의 후손인 회은은 안녹산의 난이 터진 뒤 역사의 시야에 들어왔다. 그는 숙종을 지켰고, 하삭 지역을 평정했고, 장안과 낙양을 수복했고, 사조의를 격파해 자살하게 했다. 그야말로 혁혁한 전공을 세운 것이다. 또 그의 세 딸은 멀리 타향

으로 시집와서 가정을 이뤘는데, 한 집안에서 무려 46명이 나라를 위해 전장에서 목숨을 바쳤다.[36]

그런데 이런 대공신이 반란을 일으켰다.

이 반란은 제국에 큰 상처를 입혔다. 그전에 토번이 벌써 두 번이나 당나라 황제를 떠돌이 천자로 만들었기 때문이다. 광덕廣德 원년(763) 10월, 토번의 대군이 돌연 장안에 들이닥쳤고 대종은 미처 막아볼 엄두도 못 낸 채 달아났다가 곽자의의 도움을 받아 겨우 귀환했다. 그런데 황제가 아직 정신을 수습하지 못한 그때, 복고회은이 회흘, 토번, 토욕혼, 당항으로 조직된 다민족 연합군을 이끌고 호호탕탕히 쳐들어왔다. 고난의 왕조로서는 실로 설상가상이었다.[37]

다행히 하늘이 당나라를 도왔는지 복고회은이 도중에 급사했고 연합군도 앞 장에서 서술한 것처럼 곽자의에 의해 분열되고 와해되었다. 하지만 대종은 반란 소식을 듣고 매우 서글퍼했다.

"회은은 모반하고 싶어하지 않았다. 모반할 생각이 없었다!"[38]

반란을 일으킬 생각이 없었는데 왜 군대를 일으킨 것일까?

표면적인 이유는 내분이었다. 안사의 난이 끝난 뒤, 조력 부대를 제대시키는 정책의 일환으로 복고회은은 대종의 명을 받들어 회흘 용병대와 그들의 가한可汗을 호송해 초원까지 데려다주었다. 그런데 돌아오는 길에 태원을 지나갈 때 하동절도사가 문을 걸어 잠그고 나오지 않았을 뿐만 아니라, 예의에 따라 병사들에게 술과 음식을 제공하는 규

194

---

36 철륵의 복고 부락이 당나라에 들어온 것은 당 태종 정관 20년(646)이었다. 이 일과 복고회은의 사적은 모두 두 『당서』의 「복고회은전」에 있다.
37 두 『당서』의 「대종본기」 「복고회은전」과 『자치통감』에 따르면 복고회은은 두 차례에 걸쳐 출병했는데 한 번은 광덕 2년(764) 10월, 다른 한 번은 영태 원년(765) 9월이었고, 두 번째는 병력이 수십만에 달했다.
38 두 『당서』의 「복고회은전」과 『자치통감』 223권 영태 원년 9월 항목 참고.

칙도 지키지 않았다. 복고회은이 회흘과 결탁하고 태원을 습격하지 않을까 의심했다는 것이 알려진 이유다.

이 일의 진위는 이미 밝힐 방법이 없지만 두 사람이 서로 미워하게 된 것만은 사실이었다. 화가 난 복고회은은 그자에게 본때를 보여주기로 작정하고 조정에 상소를 하는 동시에 태원 주변에 병력을 배치했다. 하지만 이것은 하동절도사가 복고회은이 모반했다고 고발하는 구실이 되었으며 그는 대종이 보내온 환관을 설득해 그 용감한 번장이 "우리와 같은 민족이 아니어서 마음도 필히 다르다非我族類, 其心必異"고 믿게 만들었다.

그래서 복고회은의 군중에 도착했을 때 환관의 마음속에는 의심이 가득했다.

사실 복고회은은 그 환관을 상당히 친절하게 대접했다. 심지어 호인의 풍습에 따라 멀리서 온 손님을 위해 직접 춤을 춰주기까지 했으며 환관은 장안의 법도에 따라 공연료를 지불했다. 이에 복고회은은 더 신이 났다. 함께 단오절을 보내고 가라고 정성껏 환관에게 권하면서 부하들에게 그의 말을 숨겨놓으려고도 했다.

복고회은이 그런 것은 본래 손님을 좋아하는 그의 천성 때문이었지만 환관은 덜컥 겁이 났다. 그는 그 길로 며칠 밤을 달려 장안으로 도망가서 황제에게 복고회은이 모반했다고 보고했다. 이에 복고회은도 발끈하여 조정에 글을 올려 그 환관과 하동절도사를 죽이라고 요구했다.

대종은 할 수 없이 또 재상을 파견해 일을 무마하려 했다.

하지만 그것은 아무 도움이 안 됐다. 복고회은은 재상의 다리를 붙잡고 대성통곡했지만 장안에 가서 황제를 알현하는 것은 거부했다. 죽을까 봐 두렵다는 것이 그 이유였다. 이후에 또 회흘에 사신으로 가는 어사대부를 억류하기도 했다. 일이 이 지경이 되자 그는 정말로 모반할 생각도 없는데 모반해야 하는 상황에 처하고 말았다.[39]

안사의 난 이후 제국이 맞닥뜨린 문제가 이로써 여실히 드러났다. 그것은 바로 심각한 신뢰의 위기였다. 공이 크고 정예병을 거느린 무장과 조정이 서로 믿지 않았다. 곽자의와 이광필조차 병권을 빼앗기거나, 영전한 듯하면서도 실질적으로는 좌천당했다. 이렇게 된 것은 이해하기 어렵지 않다. 공신들은 토사구팽을 당할까 봐 두려웠고 조정은 그들이 제2의 안녹산이 될까 봐 두려웠던 것이다. 혹시 당사자가 번장이면 한층 더 의심을 받았다.

그런데 복고회은은 안녹산보다 더 사람들을 불안하게 했다. 그는 회흘과 관계가 너무 깊었기 때문이다. 과거에 숙종은 반란 진압을 위해 회흘에게 병력을 빌렸고 그때 복고회은이 협상 대표를 맡았다. 그 후에 회흘의 가한이 아들의 신붓감을 요청했을 때도 그의 딸이 시집을 갔다. 그래서 복고회은이 회흘의 용병대를 호송해 초원으로 데려다줄 때 말을 타고 그를 따른 사람은 바로 가한의 자리를 계승한 그의 사위였다.

**196**

---

**39**  이상은 『구당서』 「복고회은전」과 『자치통감』 223권 광덕 원년 7월, 8월, 9월 항목 그리고 데니스 트위칫, 『케임브리지 중국사-수당편』 참고.

하동절도사는 그를 경계하지 않을 수 없었다.

사실 제국의 황제와 신하들은 회흘에 대해 복잡한 감정을 갖고 있었다. 어쨌든 당나라 주변의 여러 '동생' 중에 회흘은 가장 우호적이었다. 안 그랬으면 숙종은 그들에게 병력을 빌리지 못했을 것이다. 그리고 회흘의 기병이 없었다면 확실히 반란군과의 전쟁은 예측불허였을 것이다. 천보 말기의 당나라 정부군은 이미 군기가 해이했다는 것을 유념해야 한다. 반면에 회흘 기병은 당시 동아시아에서 가장 강력한 군사였다.[40]

회흘문 대당대자은사삼장법사전大唐大慈恩寺三藏法師傳의 일부

국가도서관에 소장된 이 필사본은 『보살대당삼장법사전菩薩大唐三藏法師傳』이라고도 하며 약칭은 『현장전玄奘傳』으로 전 세계 유일본이다. 필사본의 내용은 현장의 제자인 혜립慧立이 기술한 스승의 인도 여행과 불경을 구하게 된 과정이다. 회골(회흘)의 불교승 상고사리詳古舍利가 10세기 전반기에 회골문으로 번역했다.

**197**

---

**40** 데니스 트위칫, 『케임브리지 중국사-수당편』 참고.

회흘인의 벽화상
신장 베제클리크 천불동 벽화 속의 회흘인 형상

그런데 유목과 상업을 병행했던 회흘은 똑똑한 장사꾼이었다. 그들은 큰형을 도와주기는 했지만 형제간에도 계산은 확실히 해야 한다는 입장이었고 부르는 가격도 낮지 않았다. 또 서비스하는 태도도 좋지만은 않았다. 가장 당나라인을 화나게 한 일은 보응 원년(762) 10월, 두 번째로 낙양을 수복할 때 천하병마원수天下兵馬元帥였던 옹왕雍王 이괄李适 (훗날의 당 덕종)이 회흘의 장군 앞에서 모욕을 당한 것이었다. 의견이 다르다는 이유로 전하의 충성스러운 수행원들이 채찍질을 당했으며 그중 두 명이 제대로 치료도 못 받고 죽었다.[41]

이 일을 덕종은 늘 마음에 담아두었다.

하지만 재상 이필의 설득으로 덕종은 회흘에게 계속 우호적인 정책을 취하고 나아가 화목하게 지내는 데 동의했다. 이는 무엇 때문이었을까?

토번 때문이었다.

토번과 회흘의 이야기는 이미 본 시리즈 13권 『수당의 정국』에서 서술한 바 있다. 따라서 우리는 당나라와 토번이 결코 항상 밀월 관계는 아니었다는 것을 기억하고 있다. 실제로 이미 고종 때부터 토번은 당나라의 서역을 불안정하게 만들었고 안사의 난 후에는 하서와 농우(지금의 간쑤, 칭하이와 신장의 일부)를 접수하여 장안은 그들이 멋대로 와서 돌아다니는 무료 쇼핑센터처럼 돼버렸다.

**199** 토번으로 인한 직접적인 경제 손실이 정확히 얼마나 됐는지는 알 수

---

**41** 『자치통감』 222권 보응 원년 10월 항목 참고.

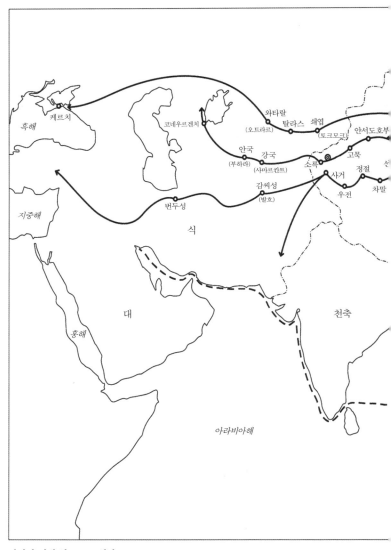

당나라 시대 실크로드 설명도

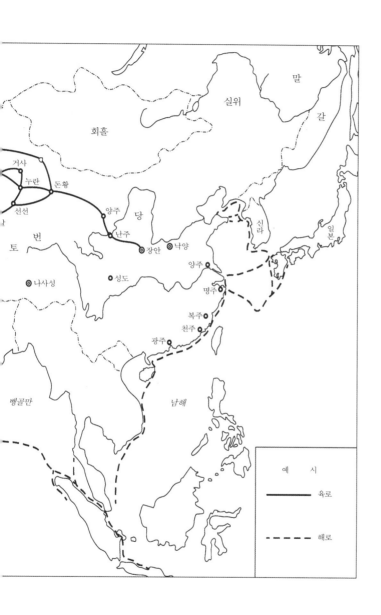

말
갈

실위

회흘

거사
누란    돈황
선선
토    번    양주    당
난주
장안  낙양
나사성    성도
양주

신라
일본

명주

복주
천주
광주

벵골만    남해

예    시

────── 육로

┈┈┈┈┈ 해로

없지만 당나라가 자신의 목장을 잃어버린 것은 의심의 여지가 없었다. 이에 제국은 회흘의 말과 기병에 의지해야만 했다. 회흘의 독점 경영으로 인해 당나라의 소득은 지출보다 한참 낮았고 채무도 갚을 기약이 없이 늘어만 갔지만 어쩔 수 없었다.[42]

당나라는 두 상대 중 그나마 피해가 덜한 쪽을 택한 셈이었다. 곽자의의 건의를 받아들여 회흘과 연합해 토번에 대항했다. 이에 대한 회흘의 태도는 매우 적극적이었다. 자신들의 이름을 회골回鶻로 바꾼 뒤에도 마찬가지였다. 그들은 토번과 마찬가지로 천산天山 남쪽의, 총령葱嶺을 넘어 사마르칸트와 부하라를 지나 페르시아와 로마까지 이르는 상업로에 관심이 있었다.[43]

그렇다. 그 길은 바로 실크로드였다.

지도를 보면 알 수 있듯이 회흘은 실크로드 북쪽에, 토번은 실크로드 남쪽에 있었다. 하지만 확실히 남쪽의 토번이 더 강하고 공격적이었다. 그들은 파미르고원의 발률국勃律國을 제압하고 또 타림분지를 공격해 당나라가 안서사진安西四鎭을 포기하게 만들었다. 그것은 당연히 심각한 문제였다. 안서도호부安西都護府와 구자龜玆, 우전于闐, 소륵疏勒, 언기焉耆, 이 사진은 본래 당나라가 실크로드의 안전을 확보하기 위해 설립한 것임을 알아둬야 한다.[44]

회흘도 기분이 좋을 리 없었다. 그들은 소그드 상인과 함께 진작부터 유라시아를 횡단하는 장거리 무역을 경영해 이득을 얻었다. 당연

---

**42** 구체적인 정황은 푸러청, 『중국 통사』 참고.
**43** 푸러청, 『중국 통사』와 데니스 트위칫, 『케임브리지 중국사-수당편』 참고.
**44** 크리스토퍼 벡위스Christopher Beckwith, 『토번과 중앙아시아The Tibetan Empire in Central Asia』와 게가사와 야스노리, 『빛나는 세계 제국』 참고.

히 남이 끼어드는 것을 원치 않았고 무역로가 끊기는 것은 더더욱 원치 않았다. 그래서 회흘은 기꺼이 당나라와 손을 잡았다. 자신들의 역할이 용병대든 동맹군이든 상관하지 않았다. 그렇게 해서 기세등등한 토번을 상대할 수 있었고 국제 무역에서 통용 화폐로 쓰이던 견직물도 대량으로 확보할 수 있었다.[45]

장사꾼은 어쨌든 손해 보는 일은 하지 않는다.

하지만 당나라는 가슴 아파 하며 이권을 내놓아야 했다. 안녹산을 상대하기 위해 조정은 서북 지역의 상비군을 불러들이고 질서 유지를 위한 최소한의 주둔군만 남겼다. 그것은 사실상 제국의 서역을 정중히 양보하여 토번과 회흘의 처분에 맡긴 것이나 다름없었다. 토번과 회흘은 당연히 그 공백을 채우고자 했다. 당 덕종 정원貞元 5년(789) 12월, 토번이 대대적으로 북정北庭(지금의 신장웨이우얼자치구 지무싸얼吉木薩爾)을 공격하고 이미 회골로 개명한 회흘이 구원병을 보냈는데, 결국 토번의 결정적인 승리로 끝이 났다.

그 전쟁은 새로운 시대의 시작을 알렸다. 전쟁이 끝난 뒤, 본래 회골을 통해 당나라 중앙정부와 연락하던 북정과 안서 지역은 소식이 완전히 끊겨 존망조차 알 수 없게 되었다. 중국 제국은 그때부터 무려 천 년이나 타림과 중가리아에 대한 통제력을 잃었다.[46]

하지만 회골과 토번도 좋은 시절이 길지는 않았다. 당 문종이 자기가 종에게 시달린다고 한탄했던 그 이듬해에 회골 한국汗國은 멸망했

---

45  데니스 트위칫, 『케임브리지 중국사-수당편』과 게가사와 야스노리, 『빛나는 세계 제국』 그리고 본 시리즈의 『수당의 정국』 참고.
46  이상은 『자치통감』 233권 정원 5년 12월 항목과 정원 6년 5월, 6월, 가을 항목 그리고 데니스 트위칫, 『케임브리지 중국사-수당편』 참고. 두 책의 연도 기록이 달라 여기서는 『자치통감』을 따랐다.

다. 그 후 얼마 지나지 않아 토번 왕조도 무너졌고 당나라는 내전에 빠졌으며 서돌궐의 한 지파인 사타沙陀가 북정 전쟁 후 비로소 사람들의 시야에 들어왔다. 오대 후당後唐의 실질적인 개국 군주 이극용李克用이 바로 당시 사타의 추장이었던 주사진충朱邪盡忠의 증손자다. 다만 그때 실크로드는 이미 전혀 다른 풍경이 돼 있었다.

변함없이 들리는 것은 오직 낙타 방울소리뿐이었다.

# 당나라의 멸망

사타인 이극용이 마지막 번장으로 등장할 때까지 역사의 무대에는 당
나라 이씨 황족이라는 실질적이거나 명의뿐인 주연을 둘러싸고 각양
각색의 인물이 우정 출연을 했다. 다른 왕조에도 나타날 수 있는 배역
으로 간신諫臣은 위징魏徵, 중신은 적인걸, 권신은 이임보, 외척은 양국
충, 혹리는 색원례索元禮와 주흥周興과 내준신來俊臣, 시인과 예인은 이백
과 두보와 이귀년 등이 있었고, 이뿐만 아니라 따로 아래와 같이 당나
라만의 특색을 잘 보여주는 다섯 가지 배역도 있었다.

여인: 무측천, 위황후, 태평공주, 양귀비
호인: 안녹산, 고선지, 가서한, 이광필, 복고회은
군인: 봉상청, 곽자의, 각 변진
엄인: 고역사, 토돌승최, 왕수징, 구사량

**205**

당인黨人: 우승유, 이종민, 이덕유, 정담

이 출연자들은 안사의 난을 분계점으로 대부분 바뀌었다. 양귀비가 비극적인 로맨스를 끝마친 후로는 여인들의 역할이 사라졌고 그 후 무대의 중심에는 할거하는 번진과 정치를 어지럽히는 환관, 내분을 일으키는 조정 신하가 있었다. 물론 호인은 처음부터 끝까지 무대 위에 있었다. 장손무기長孫無忌도 절반은 호인이었고 또 선비족 장군 울지경덕尉遲敬德과 돌궐 왕자 아사나사이阿史那社爾도 잊어서는 안 된다.

위의 네 배역의 관계는 복잡하게 얽혀 있었다. 경쟁하기도 하고 결탁하기도 했으며 싸우기도 하고 화해하기도 했다. 각자 잘 나간 적도 있고 궁지에 몰린 적도 있었으며 교대로 권력을 잡기도 했다. 이것은 일종의 역동적인 균형 상태를 형성했다. 이런 상황에서 당나라 중기와 말기의 황제들은 한편으로 그들에게 조종되고 실권을 빼앗겼으며 다른 한편으로는 더 필수 불가결한 존재가 되기도 했다. 거대한 제국이 안사의 난으로 인해 무너지지 않은 이유 중 하나가 바로 여기에 있다.

그러나 번진과 조정 신하와 환관은 본질적으로 노골적이거나 은밀한 투쟁과 상호 견제의 관계였다. 여기에 성가신 호인까지 포함해 어느 세력도 역사 발전의 방향을 대표하지는 못했다. 그래서 그 정체된 시대에 교착 상태를 푸는 것은 체제 밖의 불만 세력에 의지할 수밖에 없었다. 그들은 사회 밑바닥에서 전란과 수탈의 고통을 깊이 경험한 사병과 **206**

농민으로서 바로 여섯 번째 배역이었다.[47]

여섯 번째 배역의 대표자는 황소黃巢다.

황소의 이름은 많은 이에게 익숙하다. 적어도 당나라가 그에게 전복되었다는 것 정도는 알고 있다. 사실 처음 깃발을 든 뒤부터 패배해 자살하기까지 황소는 꼬박 10년을 싸웠다. 안녹산부터 사조의까지 걸린 햇수를 훨씬 넘어섰다. 그 결과, 군대가 중국 전역을 거의 휩쓸면서 안사의 난은 비교도 안 될 정도로 파괴의 정도가 극심했다.

황소가 당나라의 무덤을 팠다고 말해도 과언이 아니다.

그런데 이 역사적인 인물을 묘사하고 평가하는 것은 쉬운 일이 아니다. 아마도 적지 않은 사람이 그를 협의를 실천한 호한이자 세상을 바꾼 영웅으로 볼 것이다. 적어도 그가 실패한 후 남자답게 생을 마감했다고 생각할 것이다. 희종僖宗 중화中和 4년(884) 6월 15일, 황소는 마지막 전투를 마쳤지만 이미 막다른 골목이었다. 이틀 뒤, 그는 자신의 외조카이자 부하 장수인 임언林言에게 말했다.

"나는 본래 이 혼탁한 세상을 깨끗하게 만들고 싶었는데 이렇게 일패도지하고 말았다. 내 머리를 베어 가져가서 상을 받아라. 남한테 기회를 넘기지 말고."

임언이 차마 그러지 못하자 황소는 칼을 뽑아 스스로 목을 베었다.[48]

---

**47** 이 관점은 일본인 학자 게가사와 야스노리에게서 비롯되었다. 그의 『빛나는 세계 제국』 참고. 아래의 황소에 대한 서술과 평가도 대부분 이 책의 영향을 받았지만 일일이 주를 달지는 않았다.

**48** 『신당서』「황소전」과 『자치통감』 256권 중화 4년 6월 항목 및 『고이』 참고. 『구당서』는 이와 견해가 다르다.

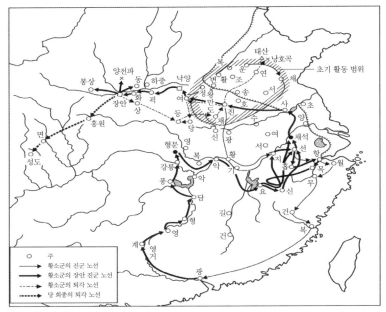

황소의 난 설명도
게가사와 야스노리, 『빛나는 세계 제국』, 153쪽 참고

　이 일은 사람들이 그를 새삼 다시 보게 했다. 실제로 공식 사서에서
도 황소가 민심을 얻지 못한 것은 결코 아니라고 인정했다. 적어도 그
가 최초로 장안에 입성했을 때는 별다른 저항이 없었고 어느 정도 환
영까지 받았다. 희종이 현종을 본받아 헐레벌떡 성도로 도망친 후, 장　**208**

안의 백성은 거리로 쏟아져 나와 반정부군의 기세등등하면서도 무질
서한 입성식을 지켜보았다.[49]

황소는 만족스러워했고 그의 부관이 모두에게 알렸다.

"황소 대왕은 세상을 구하러 오셨다. 백성을 등칠 줄만 아는 이씨 황
족과는 다르다."

휘하의 병사도 이에 호응하여 갖고 있던 재물을 앞다퉈 어려운 가정
에 선물했다.[50]

만약 민심을 얻은 자가 천하를 얻는다면 황소는 틀림없이 성공했을
것이다.

하지만 왕조 시대 백성의 왕조 교체에 대한 태도는 언제나 봄 날씨
처럼 변덕스러웠다. 4개월 뒤, 황소가 패해 장안을 빠져나갈 때 장안
백성은 또 반갑게 관병을 맞았다. 그들 중 누구는 기왓장을 던지며 전
투에 가담했고 또 누구는 땅에 떨어진 화살을 주워 관병에게 넘겼다.
모두가 기뻐하며 분주히 움직였다.[51]

황소의 백성을 위한 마음은 알고 보니 짝사랑일 뿐이었다.

부끄럽기도 하고 화도 나서 황소는 복수를 하기로 결심했다. 5일 뒤,
그는 다시 장안으로 돌아와 군대를 풀어 살인과 약탈을 하게 했다. 당
시 살해된 평민이 8만 명에 달하여 시체가 산을 이루고 강물이 피로
물들었다고 한다. 하지만 황소는 이를 '성을 깨끗이 한 것洗城'이라고 했
다.[52]

---

49 『신당서』 「황소전」과 『자치통감』 254권 광명廣明 원년 12월 항목 참고.
50 『구당서』 「황소전」 참고. 『신당서』 「황소전」과 『자치통감』 254권 광명 원년 12월 항목은 기록에
차이가 있다.
51 『자치통감』 254권 중화 원년 4월 항목 참고.
52 두 『당서』의 「황소전」과 『자치통감』 254권 중화 원년 4월 항목 참고.

황소는 설마 혼탁한 세상을 피로 씻어 깨끗하게 만들려 했던 것일까?

하지만 우리는 공식 사서의 황소 관련 기록에 사실보다 과장되거나 심지어 비방과 경멸을 담은 말이 있는지 없는지 판단하기 어렵다. 더욱이 그 일이 사실이었다고 해도 여전히 수천수만의 하층 민중이 목숨을 걸고서 아무 원망 없이 그 '악마'를 추종했다. 이것은 또 무엇을 말해줄까? 그 당시 제국 정부가 악마보다 더 악마 같았음을 말해준다.[53]

사실이 그랬다. 황소를 토벌한 정부군은 장안에 진입한 뒤, 뜻밖에도 각 민가에 난입하여 노략질과 강간을 자행했다. 이에 거리의 건달들도 관병으로 가장해 그 난리에 끼어들어 크게 한몫을 챙겼다. 이를 보면 정부군을 도와 황소를 공격한 백성이야말로 정말로 짝사랑을 한 나머지 스스로 도둑에게 문을 열어준 셈이었다.[54]

아마도 형편이 나은 수도 장안의 백성은 황소 이전에도 관이 민간을 압박해 반란을 일으키게 한 적이 있음을 몰랐을 것이다. 당 의종懿宗 함통咸通 10년(869) 6월, 섬주에 큰 가뭄이 들었다. 한 백성이 와서 이를 호소하자 지방관은 이렇게 말했다.

"나무에 아직 잎이 있는데 무슨 가뭄 피해가 있단 말이냐?"

그러고서 그 사람을 흠씬 두들겨 팼다. 이에 백성들은 참지 못하고 그 지방관을 쫓아냈다. 그자는 낭패하여 어느 민가로 도망쳐 물을 달라고 했는데 얻은 것은 오줌이었다.[55]

210

---

**53**  예컨대 『신당서』 「황소전」과 『자치통감』은 황소가 처음 장안에 들어왔을 때 이미 대규모 살인을 자행했다고 말하지만 별로 신빙성이 없다. 크게 살계를 펼친 것은 틀림없이 두 번째 왔을 때다.

**54**  『자치통감』 254권 중화 원년 4월 항목 참고.

**55**  『자치통감』 251권 함통 10년 6월 항목 참고.

관과 민간의 관계가 이 정도로 악화되었으니 반란이 일어나는 게 당연했다.

하지만 제국의 정부와 관리들은 반성할 줄 모르고 계속 자신과 남을 속였다. 당 희종 건부乾符 2년(875) 7월, 엄청난 숫자의 메뚜기 떼가 하늘을 다 뒤덮으며 수도 지역까지 날아와 온 들판을 벌거벗겨놓았다. 그러나 경조윤(수도의 시장)은 이런 보고를 올렸다.

"메뚜기가 천자의 발치까지 와서는 농작물을 안 먹고 스스로 가시를 끌어안고 죽었습니다."

백성을 부모처럼 보살펴야 할 관리가 이 모양이었다!

하지만 황제는 이를 믿었고 재상도 축하의 글을 올렸다.[56]

솔직히 말해 관료 기구가 이 정도로 부패하고 권력 집단도 이 정도로 아둔한데 나라가 무너지지 않는다면 하늘이 용납하기 어려울 것이다. 사실 그보다 1년 전에 복주濮州(지금의 산둥성 쥐안청현鄄城縣)의 왕선지王仙芝가 이미 폭동을 일으켰다. 오늘날의 산둥성 허쩌荷澤에서 살던 황소는 한 달 전에 그 반란군에 참가했다. 그러다가 나중에 왕선지가 전사하는 바람에 기치를 이어받아 더 크게 일을 벌인 것이었다.

여기에는 당연히 더 깊은 심층적 원인이 있다. 황소와 왕선지는 둘 다 사적으로 소금을 팔던 사람으로서 관에서는 그들을 '염적鹽賊'이라 불렀다. 염적은 기실 소금 상인이지만 제국이 소금의 전매제도를 실시했기 때문에 그들을 '도적賊'이라 불렀던 것이다.

211

---

그러면 소금은 국가가 독점 판매해야 했을까, 아니면 민간에서 자유롭게 거래해야 했을까?

백성은 후자를 택했다. 관염官鹽은 비싸고 질이 낮았지만 왕선지와 황소 등의 사염私鹽은 싸고 질도 좋았기 때문이다. 우리는 소금이 누구나 매일 섭취해야 하는 것으로 필수품이지 사치품이 아님을 알고 있다. 그러나 국가가 우수한 상품과 좋은 서비스로 경쟁하지 않는 이상 사염의 판매는 근절되기 어려웠다.

더욱이 각 상품은 자체적인 유통 경로가 있게 마련이다. 백성은 어수룩한 소비자가 되고 싶어하지 않았으며 소금 상인들도 각자의 판매 루트와 네트워크를 갖고 있었다. 그들은 심지어 회골처럼 상업적인 이익을 위해 무장 세력을 조직했다. 마피아를 방불케 하는 그런 지하조직과 사설 병력은 민중에게 실질적인 혜택을 주었으므로 암암리에 보호와 지지를 받았다. 마찬가지로 황소는 고통받는 기층 민중을 대표하여 생존을 위해 싸웠으므로 그의 반란군은 눈덩이처럼 세력이 불어났다.[57]

하지만 안타깝게도 반란군은 사타의 갈까마귀 부대를 이기지 못했고 내부에서 배반자가 나오는 것을 막지도 못했다. 갈까마귀 부대의 사령관은 이극용이었으며 배반자는 주전충朱全忠(주온朱溫, 주황朱晃이라고도 불렸다)이었다. 배반자는 믿을 수 없는 법이다. 주전충은 황소를 배반했으므로 당연히 당나라도 배반할 수 있었다. 심적인 제약이 전혀 없었

57  이상은 게가사와 야스노리, 『빛나는 세계 제국』 참고.

기에 실력이 붙어 가장 큰 번진이 된 뒤, 마침내 큰 사고를 쳤다.[58]

개평開平 원년(907) 4월, 주전충은 칭제하고 국호를 양梁으로 정했다. 그가 당나라를 멸하여 오대십국五代十國이 시작되었다.

후량後梁 태조 주전충은 건배를 했지만 그 잔에 든 포도주는 선혈로 빚은 것이었다. 그 전에 그는 거의 모든 환관과 권신 최윤崔胤, 황제 소종昭宗과 당나라의 종실을 잡아 죽였다. 마지막으로 조정의 사대부들을 죽일 때, 번번이 과거에 낙방했던 그의 막료가 원한 서린 목소리로 말했다.

"이자들은 항상 청류淸流를 자처했으니 황하에 던져 탁류로 만드는 게 낫습니다."

주전충은 껄껄 웃으며 건의를 받아들였다.[59]

커다란 의문이 물결 속에서 솟아올랐다. 강성한 세계 제국과 찬란한 세계 문명은 설마 그렇게 흘러가버렸을까? "기나긴 강물에 지는 해가 둥글던長河落日圓" 그 시각, 용솟음치는 황하 물은 우리에게 또 무엇을 이야기해주었을까?

---

**58** 『구오대사舊五代史』「당서·무황본기상武皇本紀上」과 『신오대사』「당본기사唐本紀四」에 따르면 이극용의 정예부대가 '갈까마귀 부대'라고 불린 것은 이극용의 별명이 '이 갈까마귀'였기 때문이라고 한다. 게가사와 야스노리의 『빛나는 세계 제국』은 기병의 옷이 검어서 갈까마귀라는 이름이 붙었다고 설명한다.
**59** 『자치통감』 265권 천우天祐 2년 6월 항목 참고.

제5장

# 당시의 정신

이백이 술 한 말에 시 백 편을 쓰고 장안 거리의 주점에서 취해 잠들며
구현해낸 것은 당나라의 정신과 꿈이었다.
그것은 사회의 안정과 국가의 부강 그리고 대외 개방을 전제로
누구나 개성을 선양하고 행복을 추구할 수 있는 무한한 가능성이었다.

# 성당의 기상

당 현종 천보 시기에 한 귀부인이 남장한 채 말을 타고 한 무리의 사람들을 이끌고서 곡지曲池로 봄나들이를 갔다. 이 일은 정사에는 기록되지 않았지만 시인과 화가에 의해 묘사되었다. 아마도 장안에서 한때 화제가 되어 저잣거리의 찻집과 술집에서 이야깃거리가 됐던 것 같다.[1]

그 귀부인은 바로 괵국부인이었다.

괵국부인은 유명한 양귀비의 언니였는데 당시 그녀와 당 현종의 관계가 미묘하다고 암시하는 유언비어가 돌기도 했다. 그것이 진짜였는지는 증명할 방법이 없지만 그녀가 절세미녀였던 것만은 분명한 듯하다. 황제를 알현할 때도 그녀는 늘 맨얼굴이었기 때문이다. 두보는 시에서 "괵국부인은 황제의 은총을 입어, 새벽부터 말 타고 궁문으로 들어갔네. 화장이 얼굴을 망칠까 두려워, 엷게 눈썹만 칠하고 황제를 알현했네虢國夫人承主恩, 平明上馬入金門. 却嫌脂粉浣顏色, 淡掃蛾眉朝至尊"라고 했다. 화장

**217**

---

**1**　여기에서 거론되는 시인은 두보이고 작품은 「여인행」이다. 그리고 화가는 장훤, 작품은 「괵국부인유춘도」다. 이 그림은 현재 랴오닝성박물관에 소장돼 있고 북송 시대의 모사본이다. 이 그림의 해석에 관해서는 학계에서 논란이 있다. 심지어 봄나들이를 간 것이 아니며 그림 속에 괵국부인이 있지도 않다고 주장하는 학자도 있다. 본서는 일본 사학자 게가사와 야스노리의 견해를 따랐다. 그의 『빛나는 세계 제국』 참고.

괵국부인유춘도虢國夫人游春圖
이 그림은 당나라 화가 장훤張萱의 작품으로 양귀비의 셋째 언니 괵국부인과 그 시종들이 잘
차려입고 나들이를 나간 광경을 재현했다. 현재 랴오닝성박물관에 소장돼 있는 북송 시대의 모
사본이다.

"삼월삼짇날 날씨도 맑은데, 장안 물가에 미인이 많네. 화장 짙고 마음 아득하니 정숙하고 순진해라, 살결은 곱고 빛나며 몸매는 균형이 잡혔네三月三日天氣新, 長安水邊多麗人, 態濃意遠淑且眞, 肌理細膩骨肉勻."

_두보, 「여인행麗人行」

품이 얼굴을 망치기만 했다니 선천적인 피부 미인이었던 것이 틀림없다.[2]

이른바 성당盛唐(초당, 성당, 중당, 만당으로 나뉘는 당나라의 네 시기 중 두 번째 시기. 당나라의 전성기였던 현종 2년에서 대종 때까지를 가리킨다―옮긴이)의 기상을 여기에서도 조금은 찾아볼 수 있다.

확실히 무미건조한 통계 수치로 안사의 난 이전 당나라의 극성기를 증명하는 것은 어렵기도 하고 무의미하기도 하다. 어느 학자는 말하길, 태평성대를 대표하는 것은 국민의 심리적 상태, 집단의 무의식적인 만족감, 물질적 충족과 신체의 안전을 전제로 하는 내적 안정과 자부심 그리고 어디서나 감지되는 번영, 청춘의 활력, 귀부인의 아름다운 얼굴이라고 했다.[3]

성당은 확실히 일종의 기상이었다.

기상은 의심의 여지 없이 우선 도시의 설계와 건축물에서 구현되었다. 우리가 본 시리즈 『수당의 정국』에서 봤던 것처럼 당나라의 장안과 낙양의 웅대한 기세는 현대인의 상상을 넘어섰고 또 후대인을 부끄럽게 했다. 명, 청 양대의 감식안 있는 이들은 심지어 어느 도시가 당나라 때 지어졌고 어느 도시가 송나라와 그 이후에 지어졌는지 한눈에 알아볼 수 있었다. 당나라 때 지어진 도시를 보면 어김없이 성곽은 넓고 길은 곧바르며 터는 훤해서 조금도 옹색한 데가 없었다.[4]

안타깝게도 세밀한 복원도나 모형이 없어 그때의 위용을 재현하기    220

---

**2**  두보, 「초당일시草堂逸詩」 참고. 이 시를 장호가 지었다고 하는 사람도 있는데, 제목은 「집영대集靈臺」(둘째 수)이며 전문은 "虢國夫人承主恩, 平明騎馬入宮門. 却嫌脂粉汚顏色, 淡掃蛾眉朝至尊"이어서 글자만 조금 다르다.

**3**  이 관점은 저우스펀周時奮, 『중국 역사 11강中國歷史十一講』 참고.

**4**  고염무는 『일지록』에서 말하길, "옛날 당나라가 통치했던 지역을 보면 반드시 성곽이 널찍하고 길이 곧다. 관청도 옛날 당나라가 지은 것은 반드시 터가 훤하다. 송 이후에 지어진 것을 보면 오늘날에 가까워질수록 더 누추하다"라고 했다.

낙타를 탄 악공의 토용

중국국가박물관에 소장돼 있다.
이 당삼채 토용은 723년에 지어진 시안의 한 능묘에서 출토되었다. 악공의 옷, 수염, 얼굴의 윤곽으로 봐서는 중앙아시아인으로 추정된다. 당나라의 능묘는 보통 토용을 부장품으로 썼다. 토용 중 다수가 중앙아시아인이며 악공도 있고 말과 낙타를 관리하는 사람도 있다. 이 토용들은 당나라 사족이 중앙아시아의 음악과 상단을 애호했음을 보여준다.

폴로 경기자의 토용

산시陝西역사박물관에 소장돼 있다.
당나라의 폴로는 제왕과 문무백관 사이에 유행했을 뿐만 아니라 민간에도 널리 보급되었다. 심지어 부녀자도 폴로 경기에 참가했다.

는 어려우며 아름다운 벽화와 조각이 남아 있을 뿐이다. 특히 당삼채唐
三彩라 불리는 공예품은 볼 수도 있고 손에 쥐어볼 수도 있다. 그것들은
정교하면서도 생기가 넘치며 형태, 광택, 유채釉彩 그 자체가 바로 기상
이다.

더욱이 그것들은 찬란했던 시대의 축소판이기도 하다. 시안에서 출
토된 작품 중에서 낙타를 탄 악공은 분명 중앙아시아에서 온 사람이
며 또 다른 토용은 우리에게 당시 폴로 경기를 즐기던 여인이 얼마나
주목과 환영을 받았는지 보여준다. 요컨대 그 살아 있는 듯한 조각 예
술은 그 당시 중국인이 아시아에서 어떻게 영웅적인 서사시를 창조했
는지 이야기해주고 있다.[5]

당시唐詩는 한층 더 그렇다.

시는 당나라에서(사실 송나라에서도) 비범한 의미가 있었다. 문학 양식
이었을 뿐만 아니라 생활 방식이었으며 사대부 또는 상류 계급의 아이
덴티티를 나타내는 상징이기도 했다. 그래서 무측천 같은 여성과 이덕
유 같은 과거제 출신이 아닌 인물도 시를 쓸 줄 알았다. 더욱이 우리가
알고 있듯 상당히 잘 썼다.

시를 쓰고, 읊고, 듣는 사람은 더 많았다. 『수당의 정국』에서 얘기했
듯이 일종의 풍속이자 유행으로서 저잣거리의 소시민과 화류계의 여
성까지 모두 참여해 즐겁게 몰두했다. 이것은 당나라인의 삶의 질과 미
적 품위를 크게 높였고 그들을 풍류인으로 변모시켜 불평조차 대구를    **222**

---

**5**  르네 그루세René Grousset, 『중국의 문명Histoire de la Chine』 참고.

맞춰 멋스럽게 표현하게 했다. "재주가 모자라 지혜로운 군주에게도 버림받고, 병이 많아 친구들과도 소원하네不才明主棄, 多病故人疏"라는 식으로 말이다.[6]

하지만 당나라의 힘과 정신을 가장 잘 구현한 시는 역시 「국화」다.

> 가을이 와서 구월 팔일이 되면
> 내 꽃이 피고 다른 꽃은 모두 시들리라
> 하늘까지 치솟은 향기가 장안에 스며들면
> 온 성이 다 황금 갑옷을 두를 것이다
> 待到秋來九月八
> 我花開後百花殺
> 衝天香陣透長安
> 滿城盡帶黃金甲[7]

그렇다. 이것은 황소가 쓴 시다.

전해지기로는 과거에 떨어진 후 썼다고 한다.

정말로 그랬을 가능성이 크다. 당나라의 과거는 정월에 시험을 보고 2월에 결과를 발표하여, 급제한 진사는 "봄바람에 뜻을 이뤄 세차게 말을 몰아, 하루 만에 장안의 꽃을 다 보았다春風得意馬蹄疾, 一日看盡長安花". **223** 다만 애석하게도 황소는 거기에 끼지 못했을 따름이다. 그래서 그는 속

---

6  맹호연孟浩然, 「세모귀남산산歲暮歸南山」에 나온다.

7  이 시는 『전당시』에 「부제후부국不第後賦菊」이라는 제목으로 실려 있으며 『청가록淸暇錄』에서는 황소가 과거시험에 떨어진 후 지은 시로 제목이 「국화」라고 설명한다.

으로 다짐한 것이다.

"좋다! 너희가 나를 과거에서 떨어뜨렸으니 나는 황금 갑옷을 두르 겠다. 비판의 무기를 쓰지 못하게 했으니 무기로 비판을 해주마. 가을 에 한판 붙어보자!"

실제로 황소는 황금색 마차를 타고 장안에 입성했으며 그의 부대도 온 성에서 황금 갑옷을 두르게 했다. 그런데 이 시를 단순한 불평이나 복수의 뜻으로만 읽어서는 안 된다. 여기에는 당나라의 정신과 꿈이, 즉 사회의 안정과 국가의 부강 그리고 대외 개방의 전제 아래 누구나 개성 을 발양하고 행복을 추구할 수 있는 무한한 가능성이 구현돼 있다.

당시는 바로 그런 정신의 가장 훌륭한 표현 방식이었다.

이백을 예로 들어보자.

이백은 의심할 여지 없이 당시의 대표자다. 하지만 예술적 성취가 아 니라 시대정신을 대표한다. 예술적 성취를 따지면 당시는 송사末詞보다 못하고 초당初唐과 성당이 중당中唐과 만당晩唐보다 못하다. 당시의 문학 사적 의의는 격률시를 발명하고 발전시킨 데 있으며 평측平仄, 대구, 전 고典故, 풍격, 이미지에서 이상은李商隱을 능가한 인물은 없다.

거문고는 까닭 없이 오십 줄이거늘
줄 하나 발 하나에 젊은 시절 떠올리네
장자는 새벽 꿈에 자신과 나비를 혼동했고

망제(촉왕 두우杜宇가 왕위를 내주고 은신할 때 쓰던 칭호. 두우는 죽어서 소쩍새

로 화했다고 한다 ─ 옮긴이)는 사랑하는 마음을 소쩍새에 맡겼네

드넓은 바다에 달빛 비치면 진주에 눈물 어리고

남전(장안 남동쪽 유명한 옥의 산지 ─ 옮긴이)에 햇빛 따스하면 안개 속 옥이

드러나네

이 감정은 지나가면 추억이 되겠지만

옛날 일은 벌써 희미해져 버렸네

錦瑟無端五十弦

一弦一柱思華年

莊生曉夢迷蝴蝶

望帝春心托杜鵑

滄海月明珠有淚

藍田日暖玉生煙

此情可待成追憶

只是當時已惘然[8]

이 시는 기본적으로 해석이 안 된다. 화자가 무엇을 말하는지 또는
무엇을 말하려는지 아무도 알 수 없다. 그렇다. 옛날 일이 벌써 희미해져
버렸다면서 어떻게 떠올린다는 것인가? 하지만 떠올리지 않는다면 또
**225** 어떻게 옛날 일이 희미해진 것을 알겠는가? 문제는 말할 수 있느냐 없느

나에 있지 않고 어떻게 말하느냐에 있다는 것을 알 수 있다. 말할 수 없는 것을 귀에 쏙쏙 들어오게 말하는 것이 바로 이상은의 매력이다.

하지만 이백은 그렇지 않다.

구절구절이 다 주옥같은 이상은과도 다르고 격률이 정교해 후인의 모범이 된 두보와도 다르다. 이백은 기본적으로 생각나는 대로, 자기 좋을 대로 말한다. 대단히 즉흥적이고 호방하며 기세가 드높다. 예를 들면 아래와 같다.

> 날 버리고 간 어제는 붙들 수 없고
> 내 마음 어지럽힌 오늘은 얼마나 근심스러운지
> 棄我去者, 昨日之日不可留
> 亂我心者, 今日之日多煩憂[9]

하나 더 살펴보자.

> 그대는 못 보았나, 황하의 물이 하늘에서 내려와 세차게 흘러 바다에 이르면 다시 돌아오지 않음을
> 그대는 못 보았나, 높은 집 거울에 비친 슬픈 백발이 아침에는 푸른 실 같았는데 저녁에 흰 눈이 되었음을
> 인생은 뜻을 이뤘으면 실컷 즐겨야 하고 금잔을 비운 채 달을 마주하면     226

9  이백, 「선주사조루전별교서숙운宣州謝朓樓餞別校書叔云」

안 되네

하늘이 내게 재주를 준 것은 필히 쓸모가 있어서이고 천금은 다 흩어져
도 다시 돌아온다네

君不見, 黃河之水天上來, 奔流到海不復回

君不見, 高堂明鏡悲白髮, 朝如靑絲暮成雪

人生得意須盡歡, 莫使金樽空對月

天生我材必有用, 千金散盡還復來[10]

확실히 여기에는 무슨 구상이나 단어 선택 같은 것이 없다. 오직 마
음 가는 대로 거리낌 없이 쏟아내는 웅대한 표현이 있을 뿐이다. 실제
로 이백의 시구는 사람을 놀라게 하는 경우가 적지 않다. 예컨대 황학
루黃鶴樓를 부수고 앵무주鸚鵡洲를 뒤엎는다고 했다가 금세 봄 강물을
술로 못 바꿔 한이라고 한다. 이것은 분명 허풍에다 미친 소리이지만
그 자신은 즐거이 말했고 남들도 즐거이 들었으며 심지어 백 번을 들
어도 질려하지 않았다.[11]

이것이야말로 성당의 기상이다.

사실 안사의 난 전에 당나라는 상당히 포용적이었다. 무측천 같은
여인도, 안녹산 같은 호인도 용납했고 당연히 이백 같은 광인도 용납
했다. 술꾼 무리에 대한 두보의 아래 묘사를 보면 납득이 갈 것이다.

227

---

**10** 이백, 「장진주將進酒」

**11** 이 부분에 인용된 것은 각기 이백의 「강하증위남릉빙江夏贈韋南陵氷」과 「양양가襄陽歌」에 나
온다.

여양왕은 서 말 술은 마셔야 조정에 나갔고

길에서 누룩 실은 수레만 봐도 침을 흘렸으며

주천(술맛 나는 샘이 있었다는 감숙성의 고장—옮긴이)으로 봉지를 못 옮긴 걸

한스러워했네

최종지는 멋스러운 미소년으로

술잔을 들어 파란 하늘을 흘겨보면

옥으로 깎은 나무가 바람을 맞는 듯 말끔했네

汝陽三斗始朝天

道逢麴車口流涎

恨不移封向酒泉

宗之瀟灑美少年

擧觴白眼望靑天

皎如玉樹臨風前[12]


이백은 당연히 더 당당했다. 한번은 친구의 집안 잔치에서 거들먹대며 호기롭게 말했다.

"마셔라, 마셔! 왜 나한테 술값이 부족하다고 말하지 않았나? 자네한테는 오화마五花馬(갈기를 다듬어 다섯 갈래로 땋아 장식한 말—옮긴이)도 있지 않나? 천금짜리 갖옷도 있지 않나? 자, 자네 아들을 불러 그것들을 술과 바꿔오게 하게. 우리 오늘 코가 삐뚤어지게 마셔보자고!"[13]

---

12 두보, 「음중팔선가飮中八仙歌」에 나온다.
13 이백, 「장진주」에 나온다.

이렇게 손님이 주인 행세를 했으니 거의 무뢰한이나 다름없었다. 그러나 생기발랄하고 금기가 전무했던 성당에서 그런 무뢰한은 진실하고 가식이 없다는 이유로 사람들에게 사랑받았다. 그래서 이백은 공공연히 자기가 "열다섯 살에 검술을 좋아해 제후들을 찾아다녔고, 서른 살에 문장을 이뤄 역대 재상과 고관에게 글로 인사를 올렸다十五好劍術, 遍干諸侯, 三十成文章, 歷抵卿相"고 말하며 관습을 뛰어넘어 호기를 부린 탓에 하마터면 그 자신도 "온 성이 다 황금 갑옷을 두를 것"이라고 소리칠 뻔했다.[14]

이처럼 이백은 그 시대의 홍보 대사로 활약했다.

두보도 마찬가지였다.

229

---

**14** 이백의 말은 「상한형주서上韓荊州書」에 나오며 텍스트 분석은 리쩌허우李澤厚, 『미의 역정美的歷程』 참고.

# 다양과 통일

이백은 구속받지 않았고 두보는 나라와 백성을 근심했다.

두보는 슬픔과 연민을 품고 인간 세상에 내려왔던 것 같다. 그래서 고난에 대한 감회가 동시대인을 능가했다. 당 숙종 지덕 원년(756) 겨울, 당나라 정부군이 안사의 반란군과 장안 서북쪽 진도陳陶에서 전투를 벌여 거의 전멸했다. 장안성 안에 발이 묶여 있던 두보는 이 소식을 듣고 비통한 나머지 아래 시구를 썼다.

초겨울에 열 고을 양갓집 자제들
죽은 피가 진도의 못 속 물을 이뤘네
휑한 들판 맑은 하늘에 싸우는 소리도 없는데
사만의 의로운 군사가 같은 날에 죽었네
孟冬十郡良家子

**230**

血作陳陶澤中水
野曠天淸無戰聲
四萬義軍同日死[15]

이것은 「춘망春望」보다 더 깊고 무게 있는 작품이다. 선정적인 단어가 없고 사실적인 기록만 있다. 엄동설한에 10개 군에서 온 4만 명의 청년이 같은 날 죽었으니 이보다 더 마음을 뒤흔드는 일이 있을까? 있을 리 없다.

횅한 들판, 맑은 하늘에 새 소리 하나 안 들렸을 만하다.

하지만 그때는 소리가 없는 게 소리가 있는 것보다 더 나았다.

슬픈 목소리가 가슴 깊숙한 곳에서 나와 천년의 시공을 넘어서 사람의 마음을 두드린다. 그래서 지금도 읽으면 충격과 전율이 느껴진다. 그렇다. 역사적으로 너무나 많은 전쟁과 역시 너무나 많은 희생이 있어 왔다. 하지만 그 낯선 망령들을 위해 이렇게 침통하고 엄숙한 묘지명을 써준 사람이 얼마나 될까? 두보가 바로 그런 사람이었다!

그것은 휴머니즘의 정서였다. 그 정서를 바탕으로 두보는 하층 백성의 운명을 깊이 동정했다. 생이별한 신혼부부, 서로 의지하며 살아가는 노부부, 이별할 가족조차 없는 외로운 떠돌이 등이 그의 마음을 아프게 했다. 그리고 역시 그 정서를 바탕으로 그는, 당 현종의 기분이 괜찮고 양국충이 태평성대를 가장할 때 날카롭게 사회의 불공정을 간파하

**231**

---

**15** 두보, 「비진도悲陳陶」

여 "귀족 집 붉은 대문 안에서는 술과 고기 썩는 냄새가 나는데, 길가에는 얼어 죽은 시체가 나뒹구네朱門酒肉臭, 路有凍死骨"라고 했다.[16]

정서도 진실했지만 배려와 관심도 남달랐다. 두보가 기주夔州(지금의 쓰촨성 펑제현奉節縣)에 살 때 어느 과부가 그의 초당 앞에 와서 대추를 땄지만 그는 내버려두었다. 나중에 타지 사는 후배의 인척이 그 초당을 빌려 쓰게 되었는데 오자마자 울타리를 세웠다. 이를 듣고 두보는 그 젊은 사람에게 과부의 형편을 좀 봐달라고 부탁했다.

> 서쪽 이웃이 초당 앞 대추를 따가게 놔두었네
> 먹을 것도 자식도 없는 외로운 부인이므로
> 곤궁하지 않으면 어찌 그런 일을 하겠는가
> 두려움을 느낄 것이므로 오히려 친하게 대해야 했네
> 堂前撲棗任西隣
> 無食無兒一婦人
> 不爲困窮寧有此
> 只緣恐懼轉須親[17]

이치대로라면 두보는 그 일을 신경 쓰지 않아도 됐다. 어쨌든 그 과부는 아무 연고 없는 이웃일 뿐이었기 때문이다. 하지만 오히려 그래서 더 입장을 바꿔 생각할 필요가 있었다. 마음이 세심한 시인은 심지어

---

16  두보의 「신혼별新婚別」 「수로별垂老別」 「무가별無家別」 「자경부봉선현영회오백자自京赴奉先縣詠懷五百字」에 나온다.
17  두보, 「우정오랑又呈吳郎」에 나온다.

그 의지할 데 없는 과부가 대추를 따러 올 때마다 불안해하리라는 것까지 염두에 두었다. 그리고 그녀는 찢어지게 가난한데도 역시 관청의 조세 징수 대상이었다.

그렇다. 그녀는 시인에게 가혹한 징세 탓에 가난이 극에 달했다고 호소했으며 이에 시인은 전란 중의 참혹한 현실에 눈물로 손수건을 적셨다. 백성의 삶은 진작 도탄에 빠졌는데 전쟁의 불길은 지치지도 않고 계속 타올랐다. 개인의 운명은 그렇게 천하의 흥망과 직접적으로 연관되어 있었다. 두보의 시가 '시사詩史', 즉 시로 쓴 역사라고 불리는 것은 결코 지나친 말이 아니다.

더 훌륭한 것은 역사에 대한 두보의 기록이 결코 웅대한 서사가 아니라 구체적인 인물과 사건에 초점을 두었고 나아가 일상적인 것까지 서슴지 않고 다루었다는 데 있다. 당 숙종 지덕 2년(757) 윤8월, 오늘날의 산시성 평상현에서 푸현富縣 강촌羌村의 집으로 돌아온 시인은 기쁘면서도 마음이 무거웠다. "서쪽에 붉은 구름 드높고, 햇살이 평지에 내리비치네. 사립문에서 새들이 지저귀는데, 나그네가 천 리 밖에서 돌아왔네. 이웃 사람들 담장 가득 모여, 감탄하기도 하고 흐느끼기도 하네. 아이들은 무릎 위를 떠나지 않고, 내가 다시 떠날까 두려워하네崢嶸赤雲西, 日脚下平地. 柴門鳥雀噪, 歸客千里至. 隣人滿墻頭, 感歎亦歔欷. 嬌兒不離膝, 畏我復却去." 어느 구절 하나 실제 삶이 아닌 게 없다.[18]

**233**　　이백이 마음껏 심적인 에너지를 발산했다고 한다면 두보는 사람들

---

**18**　두보, 「강촌삼수羌村三首」에 나온다.

이 지닌 마음의 가장 부드러운 부분을 건드렸다고 할 수 있다. 이해심 많은 이웃과 아버지의 사랑을 갈망하는 어린 자식 그리고 "밤이 깊어 촛불을 다시 밝히는夜闌更秉燭"광경까지 어느 누가 감동하지 않을 수 있겠는가? 당시는 보통 이해하기 힘들다고들 하지만 이 몇 구는 분명 예외에 속한다.

이런 시는 아마도 왕유는 쓰지 않았을 것이다.

"만년에 고요한 것만 좋아 만사가 다 심드렁해졌다晚年惟好靜, 萬事不關心" 고 한 왕유는 그래도 자연에 대해서는 감정이 충만했다. 그가 보기에 는 개울마다 생명이 있고 들꽃마다 이야기가 있었으며 아무도 없는 산 속 숲은 더더욱 정취가 가득했다. 물속의 백로가 물보라에 놀라 날아 올라서 다시 유유히 본래 있던 곳으로 돌아가는 것에도 그는 즐거움 을 느꼈다.[19]

왕유는 자연친화적인 화가이기도 했다.

왕유는 언제나 시와 그림을 일체화했으며 "강물은 천지 밖으로 흐르 고, 산 풍경은 있는 듯 없는 듯하네江流天地外, 山色有無中" "사막에 외로운 연기 솟아오르고, 긴 강에 떨어지는 해는 둥글구나大漠孤煙直, 長河落日圓" 처럼 기세 높은 작품이 적지 않다. 어쨌든 성당의 시인들에게 기개는 거의 필수적이었다.[20]

하지만 가장 음미할 만한 그의 시는 역시 회화 소품 같은 오언절구다.

19  왕유의 「수장소부酬張少府」「난가뢰欒家瀨」에 나온다.
20  왕유의 「한강림범漢江臨泛」「사지새상使至塞上」에 나온다.

왕유, 복생수경도伏生受經圖

이 그림은 본래 송나라 궁중 창고에 숨겨져 있었으며 남송 고종이 "왕유가 제남齊南의 복생을 그렸다"고 적고서 '선화중비宣和中秘'라고 날인했다.

가지 끝 부용꽃

산속에서 붉게 피었네

개울가 집은 인적 없는데

어지러이 피고 또 지네

木末芙蓉花

山中發紅萼

澗戶寂無人

紛紛開且落[21]


이것은 일련의 풍경 숏이다. 고요한 산속 개울 옆에서 부용꽃이 조
용히 피었다가 지고 있다. 하지만 아무도 꽃이 요란하게 피었다가 어지
럽게 지는 것을 알지 못한다. 억울하게 피었다가 처량하게 지는 셈이다.
그래도 성당의 시는 매화꽃을 보고 남송의 육유陸游가 "벌써 황혼이라
홀로 수심에 차 있는데, 더욱 비바람만 치는구나已是黃昏獨自愁, 更著風和雨"
라고 묘사한 것과는 다르다. 시 속의 꽃은 대부분 도도하게 피었다가
아무렇지 않게 져버린다.[22]

여기에는 이른바 선의禪意도 있다.

왕유는 불교 신도로서 일찍이 하택신회荷澤神會 선사에게 귀의했으며
육조혜능六祖惠能의 묘비명을 쓰기도 했다. 그래서 그의 많은 작품이 시
인 동시에 선이다.

236


21    왕유, 「신이오辛夷塢」
22    여기에서 인용된 육유의 사는 「복산자卜算子 · 영매詠梅」에 나온다.

사람은 한가하고 계화꽃 떨어지는데

밤은 고요하고 봄 산은 텅 비었네

달이 나와 놀란 산새는

때로 봄 개울에서 우네

人閑桂花落

夜靜春山空

月出驚山鳥

時鳴春澗中[23]

이 시를 앞의 시와 나란히 놓고 읽어보자. 앞의 시는 동적인 것을 그렸고 이 시는 정적인 것을 그렸다. 또 앞의 시는 낮을 그렸고 이 시는 밤을 그렸다. 봄밤에 텅 빈 산은 온통 고요한데 계화꽃이 소리 없이 떨어진다. 그러다가 쉬고 있던 산새가 조용히 솟아오른 밝은 달에 놀라 울었다가 잠시 후 또 우는데, 오히려 그것이 고요함을 더 심화시킨다. 이때는 소리가 있는 것이 소리가 없는 것보다 나은 것이다.

하지만 선이 선인 것은 바로 자연, 즉 본연의 상태에 있다. 그래서 부용꽃은 아무리 활짝 피더라도 소리가 안 난다. 마치 우는 새가 들어 있는 화면이 사실은 정지해 있는 것처럼. 대립하는 양쪽은 이렇게 상호 일치하며 모든 것은 또 의도함과 의도하지 않음 사이에 있다. 이렇게 보면 의미를 캐묻는 것은 사실 무의미하며 동기를 캐묻는 것은 더더욱

237

---

불필요해서 "새가 자고 우는 것은 다 제 마음이고鳥宿鳥鳴都自在" "꽃이 피고 지는 것은 그 자체로 이유가 있다花開花落兩由之"고 보는 편이 낫다.

이것이 바로 선이다.

왕유는 이에 '시불詩佛'이라는 칭호를 얻기도 했다. 이백과 두보가 각기 '시선詩仙'과 '시성詩聖'이라고 불리는 것처럼 말이다. 그런데 성당에서 가장 큰 성취를 이룬 이 세 시인이 정확히 유, 불, 도에 대응하는 것은 결코 우연이 아니다. 사실 수당 양대의 국가 이데올로기는 혼합형으로서 유가와 법가를 병용했을 뿐만 아니라 불가와 도가도 겸용했다. 통치자는 어느 한쪽의 사상에 구애받지 않고 어느 쪽에서든 필요한 것을 취해 사용했다.

진보적인 태도와 개방적인 정책은 문학예술을 꽃피웠다. 실크로드는 장안에 외국 상인들을 운집시킨 것을 넘어서 그 도시를 거대한 국제적인 무대로 바꿔놓았다. 서역의 호선무胡旋舞, 중앙아시아의 자지무柘枝舞, 인도의 바라문곡婆羅門曲이 다 그곳에서 일세를 풍미하며 황족과 민간이 함께 즐기는 고정 레퍼토리가 되었다. 돈황의 벽화에 기록된 그 성대한 장면을 보면 두드리고, 뜯고, 불고, 켜는 악기가 40여 종에 달한다.[24]

두려움도 거리낌도 없이 도입하고 흡수하면서 속박도 미련도 없이 창조하고 혁신하는 것, 이것이 바로 성당 기상의 사상적 기초였다. 각양각색의 인물이 한족과 이민족, 남자와 여자를 가리지 않고 번갈아

---

**24** 판수즈樊樹志의『국사 개요國史槪要』와『국사 16강國史十六講』참고.

기악도伎樂圖
막고굴 제45호 굴의 북쪽 벽화

보살기악벽화菩薩伎樂壁畵
막고굴의 성당 시기 제445호 굴의 벽화

등장하고 갖가지 목소리가 맑은 것이든 탁한 것이든 품위 있는 것이든 속된 것이든 서로 경쟁하는 것, 이것이 바로 성당 기상의 사회적 분위기였다.[25]

그래서 새로운 문명은 다양하면서도 통일적이었다. 다양한 것은 서로 다른 사람들이 서로 다른 선택을 했기 때문이며 통일적인 것은 동시대인으로서 동일한 감수성을 지녔기 때문이었다. "산은 평야를 따라가다 사라지고, 강은 넓은 들판으로 흐른다山隨平野盡, 江入大荒流"와 "별빛 내려 들판은 광활하고, 달빛 넘쳐 큰 강이 흐른다星垂平野闊, 月涌大江流"가 누구의 시구인지 한눈에 알아볼 수 있는가?

전자는 이백의 것이고 후자는 두보의 것이다.[26]

그러면 "활을 당기려면 강궁을 당기고, 화살을 쏘려면 길게 쏴야 한다. 상대를 쏘려면 말부터 쏘고, 도적을 잡으려면 왕부터 잡아야 한다挽弓當挽强, 用箭當用長. 射人先射馬, 擒賊先擒王"는 또 누구 것일까?

두보다.[27]

이는 결코 이상한 일이 아니다. "도호군의 전갈이 이르니, 흉노가 주천을 에워쌌다네都護軍書至, 匈奴圍酒泉" 같은 변경의 전쟁은 당시의 주제 중 하나였고 공을 세워 업적을 이루는 것은 줄곧 당나라인이 동경하는 바였다. 성당은 마치 강한 사나이 같아서 문약한 서생은 드물었으며 시인들도 최소한 정신적으로는 호탕했다. 그래서 왕유조차 그저 풍경만 바라보고 있지는 않았다. 이백, 두보와 기타 시인들은 한 걸음 더

---

**25** "두려움도 거리낌도 없이 도입하고 흡수하면서 속박도 미련도 없이 창조하고 혁신한다"는 것은 리쩌허우의 표현이다. 리쩌허우, 『미의 역정』 참고.

**26** 이백, 「도형문송별渡荊門送別」과 두보, 「여야서회旅夜書懷」에 나온다.

**27** 두보, 「전출새구수前出塞九首」 제6수에 나온다.

나아가 변새邊塞, 즉 국경의 요새와 전장으로 눈길을 돌리기도 했다.[28] 하지만 변새시의 대표자는 역시 잠삼岑參이다.

241

---

28  여기에 인용된 시는 왕유, 「농서행隴西行」에 나온다.

# 탈라스

잠삼은 '시웅詩雄'이라 불려도 부끄럽지 않을 만큼 확실히 시에 강한 기운이 넘친다. "윤대의 9월 밤에 바람은 울부짖고, 냇가의 자갈은 한 말 크기인데, 바람 따라 돌이 여기저기 굴러다니네輪臺九月風夜吼, 一川碎石大如斗, 隨風滿地石亂走" "장군은 철갑을 밤에도 벗지 못하고, 한밤중 행군에 창들이 부딪치는데, 칼날 같은 바람에 얼굴이 베이는 듯하네將軍金甲夜不脫, 半夜軍行戈相撥, 風頭如刀面如割" "오랑캐 기병은 소문을 듣고 간담이 서늘해져, 빈약한 병기로는 감히 못 싸울 것을 미리 알고, 거사국 서문에서 전리품 바치려 기다리네虜騎聞之應膽慴, 料知短兵不敢接, 車師西門佇獻捷"같은 시구는 실제로 호쾌하기 그지없다.[29]

이런 호쾌함은 그의 성격과 관련 있었고 나아가 그의 경력과 더 밀접한 관계가 있었다. 진사 급제한 잠삼은 두 차례 변방에 나가 연이어 안서사진절도사 고선지와 안서북정절도사 봉상청 밑에서 일했다. 그러

---

잠삼,「주마천행봉송출사서정走馬川行奉送出師西征」에 나온다.

면서 멀게는 오늘날 신장웨이우얼자치구의 지무싸얼과 쿠처까지, 가까이는 간쑤의 우웨이까지 가보았다. 이 때문에 그는 "북풍이 대지를 휩쓸으니 온갖 풀이 꺾이고, 오랑캐 땅은 팔월에 벌써 눈이 날리네北風捲地百草折, 胡天八月卽飛雪""장군은 손이 곱아 뿔활을 못 당기고, 쇠갑옷도 차가워 입기 힘들어 하네將軍角弓不得控, 都護鐵衣冷難着"처럼 힘차고 감동적인 시를 쓸 수 있었다.30

이것은 서북의 군사 요새와 군대 생활에 대한 생생한 묘사다.

마찬가지로, 직접 겪어본 사람만이 변방 군사의 특수한 심정을 이야기할 수 있다.

> 동쪽으로 고향 바라봐도 아득하기만 해서
> 두 소매 이미 흥건해도 눈물 마르지 않네
> 말 위에서 그대를 만나 붓과 종이가 없어
> 가서 평안하다는 말 전해달라고 부탁하네
> 故園東望路漫漫
> 雙袖龍鐘淚不乾
> 馬上相逢無紙筆
> 憑君傳語報平安31

243　　확실히 서역은 산이 높고 길이 멀어 원정의 결과를 점치기 어려운

---

**30**　잠삼은 천보 3년(744)에 진사 급제했고 천보 8년(749)에 고선지의 막부 서기가 되었으며 천보 13년(754)에 봉상청 휘하의 판관判官이 되었다. 그의 사적은 두확杜確, 「잠가주시집서岑嘉州詩集序」와 신문방辛文房, 『당재자전唐才子傳』 3권 참고.
**31**　잠삼, 「봉입경사逢入京使」

데다 집에 돌아갈 기약이 없어 안부 편지 한 통도 대단히 소중했다. 하지만 변방의 장병은 모두 강제로 징집되지는 않았고 자원한 이들도 적지 않았으니, 이는 또 무슨 이유 때문이었을까?

고적高適이 이 의문에 답을 해주었다.

> 당나라 동북 변경에 봉화와 먼지가 일어
> 당나라 장수는 적을 무찌르러 집을 떠나네
> 남자는 본래 전장을 누비는 것을 중시하고
> 천자는 특별히 그들에게 후한 상을 내리네
> 漢家煙塵在東北
> 漢將辭家破殘賊
> 男兒本自重橫行
> 天子非常賜顏色[32]

이것이 솔직한 심정이었다. 앞에서 말한 대로 당나라는 훌륭한 무대로서 각양각색의 사람들에게 자아실현을 할 수 있는 각종 가능성을 제공해주었으며 멀리 변방에 나가 무공을 세우는 것도 그중 하나였다. 그곳은 살인적인 무더위와 살을 에는 추위의 고장이기는 했지만 이국적인 분위기와 다정한 이민족 여자뿐만 아니라 하루아침에 이름을 날릴 기회와 마음껏 말을 달릴 광활한 전장도 있어서 확실히 피 끓는 남 **244**

자라면 한번 운을 시험해볼 만했다.

　더 중요한 것은 천자가 특별히 후한 상을 준다는 점이었다.

　사실 태종부터 현종까지, 심지어 무측천의 시대에도 제국의 꿈은 줄곧 세계의 중심이 되는 것이었다. 이런 꿈을 가진 것은 이상한 일이 아니었다. 장안은 로마와 마찬가지로 한때 세계의 수도였기 때문이다. 단지 전자는 동양의, 후자는 서양의 수도였을 뿐이다.

　변방에서 무공을 세우라고 장려한 것은 그 꿈의 실현을 위해 필요한 일이었다.

　결과적으로 당나라는 자신이 양한兩漢에 못지않다는 것을 여실히 증명했다. 왕조가 가장 강성했을 때 태종의 계승자들은 성공적으로 이리伊犁강 유역과 오늘날 카자흐스탄에 있는 발하슈 호수, 키르기스스탄에 있는 이식쿨 호수와 토크모크를 전부 통제권 내에 두었다. 일설에 따르면 이백은 바로 그곳에서 태어났다고 한다.

　그런데 당 현종 천보 10년(751)에 상황이 바뀌었다.

　생각해보면 그해는 제국이 가장 기가 꺾인 한 해였다. 세 명의 대장이 거의 동시에 전방에서 실패를 맛보았기 때문이다. 검남절도사 선우중통鮮于仲通은 운남雲南에서 남조南詔에게, 동북삼진절도사 안녹산은 거란과 해족에게 패했다. 그리고 또 다른 패전은 한때 잠삼의 직속 상관이었던 안서사진절도사 고선지에게 책임이 있었다.[33]

245　그것은 바로 유명한 탈라스 전투였다.

33 『자치통감』 216권 천보 10년 4월, 8월 항목 참고.

탈라스의 정확한 위치는 이제 알 길이 없다. 흔히 오늘날 카자흐스탄의 잠불로 알려져 있다. 탈라스 전투는 세계대전은 아니었지만 그 의의는 세계적이었다. 교전한 양쪽은 당시의 초강대국인 당나라와 아랍 제국이었으며 중간의 크고 작은 도시 국가가 싸움에 휘말렸다.

확실히 거기에는 복잡다단한 민족과 국가 간의 관계가 있었다. 간단히 말하면 토번과 아랍 제국이 모두 실크로드의 몇몇 필수 경유지를

갑주의위도甲冑儀衛圖
산시陝西성 리취안현禮泉縣 당나라 장락長樂공주 묘의 묘도墓道 동쪽 벽화 속 그림　　**246**

점유하려는 욕망을 드러냈다. 그곳들은 당나라의 세력 범위 안에 있었으며 현지 사람들도 당나라의 속주로서 당나라의 보호를 받기를 더 원했는데도 말이다.

하지만 토번과 아랍은 기세등등했다. 전자는 당나라에게서 안서사진을 빼앗았다가 22년 뒤에야 무측천에게 회수당했다. 아랍 제국은 페르시아 제국을 정복한 뒤, 전선을 부하라와 사마르칸트까지 확장하고 타슈켄트와 페르가나까지 진군했다.[34]

이 일은 무력으로 해결할 수밖에 없었다.

천보 6년(747) 7월, 세 갈래로 나눠 이동한 고선지의 1만 기병이 오늘날의 아프가니스탄 내에 있던 연운보連雲堡에서 합류해 소발률국小勃律國의 왕과 그의 토번인 왕후를 생포함으로써 티베트고원 최서단 지역을 다시 당나라의 것으로 만들었다. 고선지는 이 공을 인정받아 안서사진절도사로 임명되었다.[35]

하지만 고선지의 공이 화를 부르기도 했다. 천보 9년(750) 12월, 그는 평화조약을 맺어준다고 속여 석국石國의 국왕을 자신의 포로로 만들었다. 그리고 성을 함락한 날, 그곳의 노약자와 병자를 도살하고 많은 전리품을 낙타에 실어 돌아갔다.

석국의 왕자는 다른 도시국가로 도망쳐 소그드 동포들에게 고선지의 배신과 불의함을 알리며 울화를 터뜨렸다. 이에 본래 당나라에 의존해 살던 그 인도유럽어계 민족은 아랍인을 불러 정의를 관철하게 하

---

**34** 당 고종 함형咸亨 원년(670), 안서사진이 토번으로 인해 폐지되었다. 무측천 장수長壽 원년(692)에 당나라는 구자에 안서도호부를 다시 설치했다. 그리고 당 고종 영휘永徽 2년(651), 아랍 제국이 페르시아를 정복했으며 당 중종 경룡景龍 3년(709), 아랍 제국은 또 부하라와 사마르칸트를 정복했다. 당 현종 개원 3년(715), 당나라군은 페르가나에서 침입한 아랍인을 쫓아냈다. 르네 그루세, 『중국의 문명』 참고.

**35** 두 『당서』의 「고선지전」과 『자치통감』 215권 천보 6년 12월 항목 뒤 추기追記 그리고 216권 천보 6년 12월 항목 참고.

기로 결정했다. 이는 아랍으로서는 당연히 바라던 일이었다. 우마이야 왕조에서 아바스 왕조로 바뀐 지 얼마 안 된 아랍 제국이 자신들의 중앙아시아 주둔군을 보내자, 고선지는 원정군을 이끌고 깊숙이 700리나 들어가 맞서 싸웠다. 탈라스 전투는 이렇게 막이 올랐다.

양쪽이 5일간 대치한 뒤, 극적인 변화가 일어났다. 고선지가 데려간 철륵의 동맹군이 전선에서 창끝을 돌려 아랍군과 함께 당나라군을 공격했다. 미처 대비하지 못한 고선지는 대패를 당했고 많은 장병이 죽거나 포로가 되었다. 군대를 따라갔던 제지 기술자도 승리자에게 붙잡혀 이라크로 끌려갔다.[36]

아랍은 이때부터 제지술을 익혀 사용하기 시작했다.

당나라는 동진해오는 세력에 저항할 전초 기지를 잃고 중앙아시아의 통제권을 고스란히 내줘야 했다. 그리고 4년 반 뒤, 안사의 난이 일어나 고선지와 그의 전우 봉상청이 피살되자 다시는 그 오아시스로 돌아갈 수 없게 됐다.

탈라스는 동양의 워털루가 되었다.

그것은 하나의 전환점이었다. 그때부터 중앙아시아와 서역에서 이슬람 문명은 갈수록 영향력이 커진 반면, 당나라는 번번이 패퇴하고 위축되었다. 당 덕종 정원 6년(790) 가을에 이르러서는 중가리아(북정)와 타림(안서)도 장안과 완전히 연계가 끊어지고 말았다.

역사에서는 가정이란 게 없다. 그래서 안사의 난이 없었다면 당나라 **248**

---

**36** 『신당서』「고선지전」과 『자치통감』 216권 천보 10년 4월 항목 참고. 아바스 왕조는 750년에 세워져 쿠파를 수도로 정했고 762년에 바그다드로 천도했다.

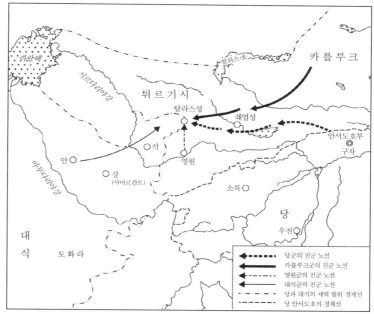

탈라스 전투 설명도

가 중앙아시아에서 다시 권위를 세울 수 있었을지 없었을지 단정하는 것은 불가능하다. 아마도 농업 제국으로서 당나라가 대외 확장을 꾀한 것은 천보 10년이 마지막이었을 것이다. 그해의 세 차례 패전이 바로 경고 표지였다.

**249**

그러면 그 점을 깨달은 사람이 있었을까?

있었다. 「병거행兵車行」에서 두보는 제국의 끊임없는 정벌에 대해 "그대는 듣지 못했나, 당나라 산동 이백 고을 수많은 촌락에 잡초만 우거진 것을. 그대는 보지 못했나, 청해 근방에 예로부터 백골을 거두는 사람이 없는 것을君不聞, 漢家山東二百州, 千村萬落生荊杞. 君不見, 靑海頭, 古來白骨無人收"이라고 의문을 표시했다. 그렇다. 생산에 종사하는 사람이 없으면 어디서 국력이 생기겠는가? 황야에 친지의 시체가 널리는 것을 설마 백성이 원하겠는가?

당연히 원할 리 없다. 두보는 일반 민중이 개, 돼지처럼 강제로 원정군에 편입되고 가족이 가슴 찢어지는 생사의 이별을 하는 참상을 묘사하길, "수레는 덜컹거리고 말은 소리 내어 우는데, 원정 나가는 이들허리에 활과 화살을 찼네. 처자가 전송하러 왔는데, 흙먼지 자욱해 함양교가 안 보이네. 옷을 붙잡고 넘어져 길을 막고서 우니, 울음소리 곧장 구름 낀 하늘까지 치솟네車轔轔, 馬蕭蕭, 行人弓箭各在腰. 爺娘妻子走相送, 塵埃不見咸陽橋, 牽衣頓足攔道哭, 哭聲直上干雲霄"라고 했다.[37]

이에 시인은 슬프고 화난 어조로 말한다.

변경은 피가 흘러 바다를 이루는데도
황제는 변경 개척의 뜻을 거두지 않네
邊庭流血成海水

250

---

**37**　본래 시의 원문은 "耶娘妻子走相送"이다. '耶'는 곧 '爺'여서 이해의 편의를 위해 '爺'로 바꿨다.

武皇開邊意未已[38]


황제를 똑똑히 지목해 비판하면서 휴머니즘과 리얼리즘의 정신을 표출하고 있다. 사실 위대한 작품의 뒤에는 항상 인간의 오랜 고난이 가로놓여 있다. 또 진정한 시인은 항상 민감하게 시대를 느낀다. 두보의 「병거행」은 천보 10년에 써진 듯하며 「여인행」은 12년에 써진 게 분명하다. 그리고 14년 겨울이 돼서 그가 "붉은 대문 안에서는 술과 고기 썩는 냄새가 나는데, 길가에는 얼어 죽은 시체가 나뒹구네"라고 외쳤을 때 어양에서 울려 퍼진 비고 소리가 마침내 「예상우의곡」의 곡조를 깨뜨렸다.[39]

당시는 이렇게 당사唐史가 되었다.

마찬가지로 두보도 시대의 또 다른 대변인이 되었다. 다들 그가 성당에 속한다고 생각하지만 두보의 성당은 이미 이백과는 달랐다. 그리고 그가 개척한 길로 새로운 이들이 계속 나아가 새로운 국면을 창조해냈다.

251

**38** 위의 인용문은 모두 두보, 「병거행」에 나온다.
**39** 『자치통감』 216권 천보 14년 4월 항목에 따르면 양국충이 어사를 파견해 강제 징집을 하고 징집된 이들을 묶어 군대로 보내는 와중에 부모와 처자가 배웅 나와 통곡한 것이 「병거행」의 시대적 배경이었던 듯하다. 그리고 양국충이 천보 11년 11월에 우상右相을 맡았으므로 「여인행」은 12년 봄에 써졌을 것이다. 두보가 장안을 떠나 봉선奉先으로 간 시점은 14년 10월에서 11월 사이이며 마침 11월에 안사의 난이 일어났다.

# 새로운 시풍

두보의 공헌은 칠언율시에 있다.

칠언율시는 율시의 한 종류로 후대에 더 상용되었다. 초당과 성당 때 시인들이 더 좋아한 것은 고시古詩나 오언절구, 오언율시였다. 고시를 좋아한 시인은 이백과 잠삼, 오언시를 좋아한 시인은 맹호연孟浩然과 왕유였다. 왕창령王昌齡처럼 훌륭한 칠언율시를 남긴 시인도 있기는 했지만 매우 드물었다.

이런 상황에 변화를 가져온 사람이 바로 두보였다.

두보는 물론 다재다능했다. 「강촌삼수羌村三首」 같은 그의 오언고시와, 앞에서 이미 소개한 「음중팔선가飮中八仙歌」 같은 칠언고시 그리고 「춘야희우春夜喜雨」 같은 오언율시, "진흙 녹으니 제비가 날아오고, 모래 따스해지니 원앙이 짝지어 논다泥融飛燕子, 沙暖睡鴛鴦" 같은 오언절구, "바야흐로 강남은 풍경이 좋은데, 꽃 지는 시절에 또 그대를 만났네正是江南好 **252**

風景, 落花時節又逢君"같은 칠언절구는 모두 인구에 회자되어왔다.[40]

그러나 그가 진정으로 이전 시인들을 능가한 것은 역시 칠언율시였다.

「등고登高」를 예로 들어보자.

바람 세차고 하늘 높은데 원숭이 울음소리 슬프고

말간 물가 하얀 모래 위로 빙그르르 새가 나네

가없이 펼쳐진 나무에서는 우수수 낙엽 떨어지고

하염없이 뻗은 장강 줄기는 넘실넘실 흐르네

이역만리의 서글픈 가을이면 늘 나그네 되어

한평생 병약한 몸으로 혼자 누대에 오르네

어려움과 고통에 귀밑머리 다 세었는데

형편이 좋지 않아 새로 탁주마저 끊었네

風急天高猿嘯哀

渚淸沙白鳥飛回

無邊落木蕭蕭下

不盡長江滾滾來

萬里悲秋常作客

百年多病獨登臺

**253** 艱難苦恨繁霜鬢

---

**40** 여기 인용된 오언절구는 두보, 「절구이수絶句二首」에 나오며 칠언절구는 두보, 「강남봉이귀년江南逢李龜年」에 나온다.

潦倒新停濁酒杯

이것은 고금의 칠언율시 중 으뜸으로 평가되는 작품이다. 격률에 극도로 부합하여 한 편 속 각 구句와 한 구 속 각 글자까지 전부 격률과 맞아떨어지기 때문이다. 그야말로 배울 수는 있어도 따라잡을 수는 없는 본보기에 해당한다.[41]

아무래도 여기에서 관련 지식을 조금 짚고 넘어가야겠다.

중국의 다른 격률시와 마찬가지로 칠언율시에서도 가장 중요한 것은 평측平仄이다. 평은 대체로 현대 중국어의 4성 중에서 1성 음평성陰平聲과 2성 양평성陽平聲이다. 측은 곧 3성 상성上聲과 4성 거성去聲이며 여기에 고대의 입성入聲이 더해진다. 오늘날 평성으로 읽히는 발發, 칠七, 출出 같은 글자가 측인 것은 고대에 입성이었기 때문이다.

평측의 요구는 점대黏對라고 불린다. 점은 같다는 뜻이고 대는 상반된다는 뜻이다. 일반적으로 보면 한 구 안에서 2번째 글자와 4번째 글자, 4번째 글자와 6번째 글자는 평측이 상반돼야 한다. 또 한 편의 시 안에서 1번째 구와 2번째 구가 상반돼야 하며 그렇지 않으면 실대失對라고 한다. 그런데 3번째 구와 2번째 구는 같아야 해서 그렇지 않으면 실점失黏이라고 한다. 그 이하는 이로부터 유추된다. 다만 운각韻脚의 글자, 즉 압운하는 글자는 평측이 같아야 하고 구에서 어떤 글자들은 대충 써도 괜찮지만 평각平脚의 구에는 운각 외에 평성이 하나만 있어서 **254**

41　호응린胡應麟, 『시수詩藪』 참고.

는 안 된다.[42]

이런 요구에 맞게 시를 쓰면 어떻게 될까?

들쭉날쭉 운치가 느껴진다. 글자와 글자, 구와 구가 모두 상반된 뒤에 또 같아지고 같아진 뒤에 또 상반되어서 읽으면 대단히 듣기 좋다.

이것은 음악의 미다.

평측 외에 대장對仗의 요구도 있다. 명사 대 명사, 동사 대 동사, 부사 대 부사, 형용사 대 형용사로 짝을 이루게 한다. 예를 들어 두보의 "조각구름은 하늘처럼 아득하고, 긴 밤은 달처럼 외로워라片雲天共遠, 永夜月同孤"는 글자 하나하나가 다 서로 짝을 이뤄 이른바 공대工對라고 할 수 있다.[43]

이것은 문학의 미다.

품사는 같게 하면서 평측은 상반되게 하는 것은 당연히 어렵다. 그러나 우리가 사는 이 세계는 본래 모순이 가득해서 대장을 쓰면 긴장으로 인해 기이한 효과가 발생한다. "병사는 전열 앞에서 반씩 죽고 살아남는데, 미인은 휘장 아래서 여전히 춤추고 노래 부르네戰士軍前半死生, 美人帳下猶歌舞"나 "이날 전군이 함께 말을 세웠네, 옛날 칠석날에 견우를 비웃었건만此日六軍同駐馬, 當時七夕笑牽牛"이 그 예다.[44]

또 칠언율시는 나름의 우월한 면이 있다. 7언은 5언에 비해, 8구는 4구에 비해 더 공간이 크고 여지가 많아 비교적 여유 있게 기, 승, 전, 합合을 구성해나갈 수 있다. 그로 인해 난이도도 높기는 하지만 말이

**255**

---

**42** 여기서 제시한 것은 대강의 원칙적인 요구일 뿐이다. 구체적으로 보면 훨씬 더 복잡하다. 자세한 내용은 왕리王力, 『시사격률詩詞格律』 참고.

**43** 인용문은 두보, 「강한江漢」에 나온다.

**44** 인용문은 고적, 「연가행燕歌行」과 이상은, 「마외馬嵬」에 나온다. 고적의 「연가행」은 격률시는 아니지만 역시 대구를 사용한다. 대구가 훌륭한 수사 방식임을 알 수 있다.

다. 그래서 중당 이후, 칠언율시에서 명작과 명구가 빈번히 출현했다. 유우석劉禹錫의 "가라앉은 배 곁으로 천 척의 배가 지나가고, 병든 나무 앞에서 만 그루 나무가 봄을 맞았네沈舟側畔千帆過, 病樹前頭萬木春", 허혼許渾의 "냇가에 구름 일자 해는 누각 아래로 지고, 산에 비 오려 하자 바람이 누각에 가득하네溪雲初起日沈閣, 山雨欲來風滿樓", 이상은의 "우리는 몸에 봉황의 두 날개는 안 달렸지만, 마음에 무소의 뿔이 있어 서로 한 점으로 통하네身無彩鳳雙飛翼, 心有靈犀一點通"가 그 예다.[45]

물론 칠언절구에서 더 많은 명구가 나오기는 했다. 위응물韋應物의 "봄 강물은 비에 불어 저녁에 더 세차고, 나루터에는 사람 없고 배만 홀로 가로놓였네春潮帶雨晚來急, 野渡無人舟自橫", 한유의 "장안 거리의 보슬비는 우유처럼 윤기 나고, 풀빛은 멀리서는 보이는데 가까이서는 외려 안 보이네天街小雨潤如酥, 草色遙看近却無", 원진元稹의 "바다를 보고 나니 다른 물은 물 같지 않고, 무산이 아니면 다른 구름은 구름이 아니어라曾經滄海難爲水, 除却巫山不是雲", 백거이의 "한줄기 석양이 강물에 번지니, 강이 절반은 푸르고 절반은 붉네. 사랑스러워라 구월 초사흘 밤은, 이슬은 진주 같고 달은 활과 같네一道殘陽鋪水中, 半江瑟瑟半江紅. 可憐九月初三夜, 露似珍珠月似弓"가 그 예다.[46]

특히 두목杜牧은 칠언절구의 왕이라고 해도 무방하다. 그의 수많은 명작 가운데 한 편 전체를 다 인용해 감상할 만한 가치가 있다.

---

**45** 이상의 인용문은 각기 유우석, 「수낙천양주초봉석상견증酬樂天揚州初逢席上見贈」과 허혼, 「함양성서루만조咸陽城西樓晚眺」와 이상은, 「무제이수無題二首」제1수에 나온다.

**46** 이상의 인용문은 각기 위응물의 「저주서간滁州西澗」, 한유의 「조춘정수부장십팔원외이수무春呈水部張十八員外二首」제1수, 원진의 「이사오수離思五首」제4수, 백거이의 「모강음暮江吟」에 나온다.

가을밤 촛불이 차갑게 병풍을 비출 때

작은 비단부채로 흐르는 반딧불이를 잡네

한밤중의 돌계단은 찬물처럼 서늘한데

가만히 앉아 견우성과 직녀성을 바라보네

銀燭秋光冷畵屛

輕羅小扇撲流螢

天階夜色凉如水

坐看牽牛織女星

실로 아껴 보며 음미하고 싶은 작품이다. "수레 멈추고 앉아 늦단풍 구경을 즐기니停車坐愛楓林晩"와 "목동이 멀리 살구꽃 핀 마을을 가리키네牧童遙指杏花村" 같은 작품도 마찬가지다.[47]

칠언과 율시, 절구가 주류가 되어 이미 추세를 이뤘다.

이는 당연히 그럴 만한 이유가 있었다. 오언은 너무 짧아 흥을 다하기 어려웠고 장가長歌는 또 기억하기가 불편했다. 장약허張若虛의 「춘강화월야春江花月夜」 같은 명작도 외울 수 있는 사람이 많지 않았다(이 시는 7언 25구에 달한다—옮긴이). 실제로 오래도록 전해진 것은 대화처럼 분명해서 누구든 보자마자 마음이 움직이는 칠언절구다. 두목의 「강남춘江南春」이 그런 작품이다.

**257**

---

**47** 이상의 인용문은 각기 두목의 「추석秋夕」 「산행山行」 「청명淸明」에 나온다.

천 리 간에 꾀꼬리 울고 녹음에 붉은색 비치는데
강마을과 산자락에 주막 깃발 바람에 나부끼네
남조 때 세워진 사백팔십 곳의 사원은
누대 몇 채나 남아 안개비 속에 잠겼을까

千里鶯啼綠映紅
水村山郭酒旗風
南朝四百八十寺
多少樓臺煙雨中[48]

　　칠언율시도 마찬가지다. 칠언율시는 사실 칠언절구를 포개놓은 형태로서 단지 제3구와 제4구(함련領聯) 그리고 제5구와 제6구(경련頸聯)가 제각기 대구를 이뤄야 하고 또 제4구와 제5구가 평측이 같아야 한다. 그래서 읽어보면 심금을 울리는 효과가 있다. 이상은의 「무제無題」를 예로 들어보자.

서로 만나기도 어려운데 헤어지기도 어려워
동풍은 힘이 없고 온갖 꽃이 다 시들었네
봄누에는 죽어서야 실 토하기를 그치고
촛불은 재가 돼야 눈물이 마르기 시작하네
새벽에는 거울 앞에서 머리 세는 걸 염려하고

258

---

**48**　이 시의 첫 구에 나오는 '千里'가 본래 '十里'였을 것이라고 생각하는 사람도 있다. 천 리 바깥에서 꾀꼬리가 울고 녹음에 붉은색이 비치는 것을 어떻게 알 수 있느냐는 것이다. 사실 십 리여도 다 알 수 없는 것은 마찬가지며 남조의 사백팔십 곳 사원은 더욱이 상상 속에만 존재한다.

밤에는 시를 읊다가 달빛 차가운 걸 느끼네

봉래산은 여기서 가기에 그리 멀지 않으니

파랑새야, 나를 위해 은근히 가서 살펴주렴

相見時難別亦難

東風無力百花殘

春蠶到死絲方盡

蠟炬成灰淚始乾

曉鏡但愁雲鬢改

夜吟應覺月光寒

蓬山此去無多路

靑鳥殷勤爲探看

의심할 여지 없이, 두보가 이백과 달랐던 것처럼 '소이두小李杜'라 불렸던 두목과 이상은도 각기 장기가 달랐다. 이상은은 의미심장했으며 두목은 신선하고 친근했다. 하지만 두 사람이 구현해낸 시대정신은 일치했다. 그것은 바로 평온함과 다양성과 내향성이었다.

평온함은 필연적인 결과였다. 안사의 난 이후, 민심은 질서를 바랐고 천하는 안정을 추구했으며 동란에 지친 군신君臣은 편안한 삶을 누리고 싶어했다. 그래서 번진이 툭하면 반란을 일으켜도 금세 수습되곤 했다. 또 조정의 파벌들이 첨예하게 대립해도 기껏해야 상대를 멀리 좌천시킬 뿐이지, 잔인하게 말살하는 일은 별로 없었다.

안정이 무엇보다도 중요하다는 것을 조정과 민간에서 모두 공감했다고 말할 수 있다.

그래서 번진이 할거하고 환관과 파벌 투쟁이 정치를 어지럽히는 와중에도 중당의 통치 집단은 질서정연한 국가 관리에 힘을 기울였다. 여기에는 재정 수입 분야에서의 양세법兩稅法 도입과 인재 선발 분야에서의 과거제 완성이 포함되었다. 초당과 성당의 진취적이고 개척적이었던 기풍과 비교하면 중당은 좀더 법과 규정에 의거한 통치를 바랐다고 평가할 수 있다.

공식과 규범을 따르는 칠언율시는 이런 심리에 매우 부합했다. 비록 지나치게 정제되어 활기가 모자라기는 했지만 격률의 엄수는 기본적인 수준을 보장했고 적어도 음조의 기복과 휴지가 매우 리드미컬했다. 따라서 평측과 대장은 큰 의의가 있었으며 활기의 부족이라는 결함은 만당과 오대 시기에 생겨난 '장단구長短句(사詞)에 의해 보완되었다.

하물며 칠언율시만 쓰는 이는 없었으며 같은 칠언율시라도 기질은 각기 달랐다. 사실 중당과 만당의 문단은 선명한 개성과 다양한 스타일에 있어서 그 전보다 훨씬 더 나은 인재들을 배출했다. 심지어 이하李賀처럼 현묘하고 기이한 시인까지 있었다. 그는 악기 소리가 "곤륜산의 옥이 깨지고 봉황새가 우는 듯해, 부용꽃이 이슬 속에서 흐느끼기도 하고 난초꽃이 환히 웃기도 하며昆山玉碎鳳凰叫, 芙蓉泣露香蘭笑"또 그 소 **260**

리가 "여왜가 돌을 녹여 하늘을 메운 곳까지 올라가, 그 돌을 깨뜨리는 바람에 놀란 하늘이 가을비를 내리네女媧煉石補天處, 石破天驚逗秋雨"라고 했다.[49]

이 사람은 정말 '귀재鬼才'라고 불릴 만하다.

개성이 선명한 것은 감정이 섬세하기 때문이다. 확실히 초당과 성당이 외부 세계에 더 집중했다고 한다면 중당과 만당은 내면세계에 더 신경을 썼다. 그래서 변새시의 어조도 고적, 잠삼과는 달랐다. 이익李益을 예로 들어보자.

회락봉 앞 모래는 눈 같고
수항성 밖 달빛은 서리 같네
어디선가 풀피리 소리 들려오면
병사들은 밤새 고향 생각뿐이네
回樂峰前沙似雪
受降城外月如霜
不知何處吹蘆管
一夜征人盡望鄕[50]

변경 방어의 고달픔을 반영하고 관련 정책의 불합리함을 비판하는 것은 줄곧 변새시의 주제 중 하나였다. 고적도 "성 남쪽의 젊은 아내 애끊

**261**

---

**49** 이하, 「이빙공후인李凭箜篌引」에 나온다.
**50** 이익, 「야상수항성문적夜上受降城聞笛」

어하면, 계북의 남편은 공연히 뒤를 돌아보네少婦城南欲斷腸, 征人薊北空回首"
라고 읊은 바 있다. 그러나 고적의 시는 사실을 진술해 비판을 표현했
고 이익의 시는 분위기를 묘사해 슬픔을 표현했다. 이는 미묘하지만 명
확한 차이다.[51]

다만 이것은 역시 시대의 차이일 뿐이었다.

---

**51** 이 차이는 용운用韻의 관점에서도 확인된다. 고적의 시는 측성운을, 이익의 시는 평성운을 사용
했다. 평성의 어감이 훨씬 더 온화하다.

# 어디로 가야 하나

분계점은 역시 안사의 난이었다.

안사의 난 이후의 당나라는 다른 모습으로 바뀐 듯했다. 황제도 더이상 이세민과 무측천 같지 않아서 차림새부터 완전히 달라졌다. 옷은 소매가 좁고 몸에 달라붙던 것에서 소매가 넓은 두루마기로 변했고 눈썹은 가늘고 긴 모양에서 두껍고 짧은 모양으로 변했다. 그래서인지 백거이도 시대에 뒤떨어진 늙은 궁녀를 아래와 같이 묘사했다.

뾰족한 신발과 꼭 끼는 치마저고리
눈썹먹으로 가늘고 길게 그린 눈썹
바깥사람들 보면 웃을 게 분명하지만
천보 말년에 유행하던 화장이라네

**263**  小頭鞋履窄衣裳

青黛點眉眉細長
外人不見見應笑
天寶末年時世妝[52]


사회에서도 또 다른 풍경이 연출됐다. 실제로 덕종 이후, 상류 사회의 기풍은 나날이 호화로워졌고 술을 마시며 노래를 읊조리는 것과 마찬가지로 나들이를 다니는 것이 새로운 유행이 되었다. 영웅적이고 호방한 격분의 비가悲歌도, 젊은 청춘의 질박한 기질도, 전통에 도전하는 반골적인 분위기도 눈에 띄게 줄었다. 사대부들은 전보다 더 서예, 그림, 바둑, 점술 그리고 세심하게 만들어진 각종 요리에 매료되었다.[53]

이것은 정말 딴 세상이 된 듯한 변화였다.

변화는 두 가지 제도, 즉 과거제 및 양세법과 관련이 있었다. 후자는 간단히 말해 경작지를 단위로 삼아 지세地稅를, 빈부(호등戶等)를 기준으로 삼아 호구세戶稅를 확정하고 곡물과 견직물 대신 화폐로 이를 납부하며 매년 6월과 11월 이전에 징세하는 동시에 기타 과중하고 잡다한 세금은 전부 없애는 것이었다. 지세와 호구세, 두 가지 세금을 여름과 가을, 두 계절에 징수했으므로 '양세법'이라 불렸다.[54]

공정하게 말하면 양세법은 매우 긍정적인 의의가 있었다. 징세의 기준을 식구 숫자에서 재산 규모로 바꿨기 때문이다. 호구세는 물론 식구 많은 집이 많이 내고 식구 적은 집이 적게 냈지만 지세도 땅 많은    264

**52** 백거이, 「상양백발인上陽白髮人」에 나온다.

**53** 이조李肇, 『국사보國史補』에 나오며 리쩌허우, 『미의 역정』 참고. 본절의 여러 곳에서 리쩌허우 선생의 이 책에 실린 연구 성과를 인용했지만 일일이 주를 달지는 못했으며 여기에서 삼가 감사를 표한다.

**54** 왕중뤄, 『수당오대사』 참고.

산시성 시안 남쪽 교
외에서 출토된 위욱
韋頊 묘의 성당 시기
석곽石槨 장식화. 그
림 속 젊은 부인은 머
리에 호모胡帽를 썼
고 소매가 작고 좁은,
열린 깃의 호복胡服
을 입었다. 이것은 천
보 연간에 유행하던
여성 패션이었다.

돈황 제151호 굴 북
쪽의 성당 시기 귀
를 뚫은 소녀의 초
상. 소녀는 머리에
두 개의 쪽을 찌었
으며 둥근 깃의 긴
두루마기를 입었다.
장다첸張大千의 돈
황 벽화 모사본.

돈황 제196호 굴의 만
당 시기 벽화. 장다첸
의 돈황 벽화 모사본.

만당 시기 주방의
「잠화사녀도」의 일
부. 그림 속 여자는
머리를 높이 틀어
올리고 위에 모란
꽃을 꽂았으며 소매
가 크고 천이 성근
윗옷과 수를 놓은
비단 어깨걸이 그리
고 긴 치마를 착용
했다.

당나라 전후기 복식의 대비

집이 많이 내고 땅 적은 집은 적게 냈다. 이것은 수많은 빈곤층의 부담을 일정 정도 줄여주고 생산력 향상에 기여함으로써 그 당시 사회 경제의 회복과 발전을 촉진했다.[55]

하지만 애석하게도 왕조 시대에는 입법자의 선의가 혼자만의 생각에 그치기 일쑤였고 중당과 만당의 황제가 내린 조칙은 늘 실행으로 옮겨지지는 못했다. 정원 3년(787), 전국의 대풍작으로 물가가 쌀 1말에 150전, 조 1말에 80전까지 떨어졌다. 이에 제국은 농민의 피해를 막기 위해 적정 가격으로 식량을 수매하라는 명령을 하달했다. 이것은 당연히 중앙정부의 구제책이었지만 결과적으로 농민들은 말할 수 없는 고통에 원성을 쏟아냈다.

덕종은 이런 상황이 전혀 이해가 가지 않았다. 12월 어느 날, 그는 밖에 사냥을 나갔다가 한 농가를 지나게 되자 불쑥 그곳으로 들어갔다. 아마도 내친김에 조사를 해보려고 했던 것 같다. 물론 자신의 공덕을 칭찬받고 싶은 생각이 더 컸을 것이다.

농민의 이름은 조광기趙光奇였다.

"어떤가? 백성은 다 행복하겠지?"

덕종의 물음에 조광기가 답했다.

"행복하지 않습니다."

덕종은 의아했다.

"먹고 입을 것이 풍족한데 왜 행복하지 않은가?"

266

---

**55**  당 덕종 때의 재상 육지陸贄는 「균절부세휼백성육조均節賦稅恤百姓六條」에서 "오직 자산을 근본으로 삼고 인원을 근본으로 삼지는 않으며 자산이 적은 사람은 세금을 적게 내고 자산이 많은 사람은 세금을 많이 낸다"고 했다.

"정부가 신용이 없기 때문입니다. 지세와 호구세 외에는 한푼도 더 안 거둔다고 해놓고서 실제로는 별도로 거두는 것이 지세와 호구세보다 많습니다. 나중에는 또 무슨 적정가로 식량을 수매한다고 하면서 실제로는 식량만 가져가고 돈은 안 주는 데다 저희보고 직접 멀리까지 나르게 하는 통에 저희는 거의 파산 직전입니다. 이렇게 걱정거리가 산더미인데 어떻게 행복하겠습니까?"

덕종은 탄식하고 명을 내려 조광기에게 보상을 해주게 했다.

농민 조광기는 확실히 명석했지만 황제인 덕종은 사실 부덕한 인물은 아니었다. 조광기의 말뜻은 대단히 분명했다. 민중을 보살피려는 조정의 모든 조칙은 지방에만 가면 그림의 떡이나 공수표가 되고 말았다. 덕종은 이 근본 문제는 해결하지 못하고 고작 조광기 일가를 도와줬을 뿐이었다. 사마광이 이를 탐탁지 않게 본 것도 당연했다.[56]

하지만 양세법을 실행한 후로 제국이 안정되고 부유해진 동시에 관리들도 사치스러워진 것은 사실이었다. 그리고 더 중요한 것은 당나라 과거제의 흥성이 고종 때 시작되어 현종 때 완성되고 덕종 때 극에 달함으로써 양세법이 만들어진 덕종 시기가 역사의 한 분계점이 된 것이었다. 그 후로 중화제국은 서족 지주계급의 정치 무대가 되었다.[57]

그렇다. 과거제와 양세법은 모두 그들에게 유리했다.

새 계급은 새 문화를 가지려 했다. 이에 한유, 유종원이 대표하는 고문운동과 백거이의 신악부新樂府 그리고 당 전기傳奇가 발생했다. 전기

---

**56**  『자치통감』 233권 정원 3년 12월 항목과 신광왈臣光曰 참고.
**57**  당나라 과거의 3단계는 천인커, 「원백시전증고元白詩 箋證稿」 참고.

는 곧 소설이었다. 소설은 본래 격이 낮았는데도 당 전기의 작가는 대가들이었다. 예컨대 「침중기枕中記」의 작가는 사관이었고 「이왜전李娃傳」을 지은 사람은 시인이었으며 나아가 원나라 희곡 『서상기西廂記』의 전신인 「앵앵전鸞鸞傳」의 작가는 그 유명한 원진이었다.[58]

사실 전기와 당시는 서로 모순되지 않았을 뿐만 아니라 심지어 상호 보완을 이뤘다. 백거이가 「장한가長恨歌」를 쓰자 진홍陳鴻이 「장한가전長恨歌傳」을 썼고, 백행간白行簡이 「이왜전」을 쓰자 원진은 「이왜행李娃行」을 썼다. 역대로 고상한 예술로 간주된 시와 통속문학인 전기가 아무 거리낌 없이 '작당'을 한 것이다.

이것이 중당과 만당의 시대정신이었다.

확실히, 갈수록 늘어나던 서족 지주 출신 지식인들이 과거제를 통해 벼슬길에 올라 점차 관료 집단의 주류를 형성했으므로 문학예술의 평민화는 이미 정해진 추세였다. 당시 고문운동은 유럽 르네상스의 미래지향처럼 복고復古를 명분으로 삼으면서 실제로는 새로움을 추구했다. 또 한유와 유종원 등이 4자 구와 6자 구의 정형 산문인 변문騈文을 반대한 것도 사실 문벌 사족의 이데올로기와 헤게모니를 전복시키기 위한 행위였다.

그래서 한유와 유종원의 문장은 모두 대화처럼 분명하고 결코 난해한 데가 없다. 한유의 「사설師說」에서 "제자가 반드시 스승보다 못한 것은 아니며 스승이 반드시 제자보다 현명한 것도 아니다. 도를 들어 아

**268**

---

**58** 「침중기」의 저자는 사관수찬史館修撰을 역임한 심기제沈旣濟이며 「이왜전」의 저자는 백거이의 동생 백행간이다.

는 것에 선후가 있고 학업과 기예 중에 각기 잘하는 게 있을 따름이다 弟子不必不如師, 師不必賢於弟子. 聞道有先後, 術業有專攻, 如此而已"나, 또 그의 「잡설 사雜說四」에 나오는 "세상에는 백락이 있은 뒤에 천리마가 있다. 천리 마는 항상 있지만 천리마를 알아보는 백락은 항상 있는 것이 아니다 世有伯樂, 然後有千里馬. 千里馬常有, 而伯樂不常有"같은 부분이 전형적인 예다. 더 나아가 유종원의 「소석담기小石潭記」는 압운을 안 한 구어체 시다.

> 연못 속 물고기는 백여 마리인데 모두 의지하는 데 없이 허공에서 헤엄치
> 는 것 같다. 햇빛이 물속으로 내리비치면 물고기 그림자가 바닥의 바위를
> 덮고 멍하니 꼼짝도 안 한다. 그러다가 갑자기 멀리 헤엄치고 민첩하게 왔
> 다 갔다 하면 꼭 노니는 사람과 함께 즐기는 듯하다.
> 潭中魚可百許頭, 皆若空游無所依. 日光下澈, 影布石上, 怡然不動. 俶爾
> 遠逝, 往來翕忽, 似與游者相樂.

백거이의 신악부는 더더욱 이와 같다. 전해오는 이야기에 따르면 그 의 악부시는 보통 백성도 듣고 이해할 수 있었다고 한다. 이런 이유 때 문에 동시대 일본인이 당시를 감상할 때 특히 중당의 작품을 좋아했고 또 중당의 시인 중에서도 백거이를 가장 좋아했던 것 같다. 어쨌든 당 시 그들은 중국 문명을 학습 중이었으며 또 "문화의 수준이 아직 높지 못했다".[59]

**269**

---

[59]  게가사와 야스노리, 『빛나는 세계 제국』 참고.

하지만 그렇다고 해서 백거이가 고상하고 우아한 칠언율시를 못 썼던 것은 아니다.

고산사 북쪽에 가정의 서쪽

수면은 물 불어 평평하고 구름은 낮게 드리웠네

몇 곳에서는 봄꾀꼬리 따스한 나무 자리를 다투고

어느 집에서는 새 제비가 진흙을 쪼아 둥지를 짓네

어지러운 꽃들은 점차 사람들의 눈을 홀리고

얕은 풀들은 비로소 말발굽을 덮을 수 있네

가장 좋은 호수 동쪽은 아무리 다녀도 부족하고

푸른 버드나무 그늘 속에 흰모래 제방이 있네

孤山寺北賈亭西

水面初平雲脚低

幾處早鶯爭暖樹

誰家新燕啄春泥

亂花漸欲迷人眼

淺草才能沒馬蹄

最愛湖東行不足

綠楊陰裏白沙堤[60]

270

성당의 시와 마찬가지로 여기에서도 당나라의 정신, 즉 개성의 선양과 행복의 추구가 구현되었다. 다만 개성이 더 선명하고 행복에 대한 이해가 다소 다를 뿐이다. 그래서 한유는 자기 생각을 고수하다가 황제의 미움을 사서 "아침에 구중궁궐에 상소를 올렸다가, 저녁에 팔천 리 길 조주로 귀양을 갔고 封朝奏九重天, 夕貶潮陽路八千" 두목은 또 홍등가에서 거리낌 없이 도락에 빠졌다가 "양주에서의 십 년 꿈을 깨고 나니, 얻은 것은 청루에서의 박정하다는 명성뿐 十年一覺揚州夢, 贏得靑樓薄倖名"임을 깨달았다.[61]

마찬가지로 그들은 한편으로 사랑을 이야기하면서 다른 한편으로 나라와 백성을 염려했고 또 전날에는 풍경을 가리키며 놀다가 오늘 아침에는 예불과 참선을 했다. 그래서 개혁의 좌절로 유종원이 귀양을 간 유주성柳州城에서 "세찬 바람이 물속 부용꽃을 마구 흔들고, 가는 빗방울이 넝쿨 자란 담 위로 비스듬히 내리치 驚風亂颭芙蓉水, 密雨斜侵薛荔墻"는데도 장안과 낙양의 모란꽃 아래에는 유람객이 빼곡했다. 그것은 일종의 유행으로 빈부나 귀천과는 무관했다. 하지만 이와는 대조적으로 관료 정치와 파벌 투쟁 시대의 사대부는 진작부터 관료 사회의 심한 부침에 익숙했다. 예를 들어 유우석은 정치 개혁의 실패로 10년간 지방으로 좌천되었다가 다시 장안으로 돌아왔지만, "현도관의 천 그루 복숭아나무는, 죄다 내가 좌천돼 장안을 떠난 후 심은 것이라네玄都觀裏桃千樹, 盡是劉郞去後栽"라는 시구가 문제시되어 다시 지방으로 쫓겨났다. '천

---

**61** 한유의 「좌천지람관시질손상左遷至藍關示姪孫湘」과 두목의 「견회遣懷」에 나온다.

그루 복숭아나무'가 그간 조정을 장악해온 반대 파벌의 관리들을 상징한다고 여겨졌기 때문이다.[62]

복숭아처럼 모란도 상징으로 쓰였다. 다만 모란꽃은 황금 갑옷을 가리키곤 했다.

황소도 자신의 시 「국화」를 이용해 당시의 정신을 비판의 무기로 사용했으며 동시에 전국을 전쟁으로 휩쓴 '무기의 비판'으로 세계 제국의 운명에 마침표를 찍었다. 당 희종 건부 5년(878) 12월, 그는 당나라의 동남부 항구 복주福州를 함락하고 이듬해에는 광주성을 압박했다. 그리고 광주절도사를 맡겠다는 요구가 묵살되자 문을 부수고 난입해 저항하던 주민을 도살했다. 그중에는 무슬림, 기독교도, 유태인, 조로아스터교도가 다 포함되어 있었다. 그 외국인들은 비단, 도자기, 찻잎, 장뇌 등의 중국 상품을 수출하는 상인이었지만 황소는 뽕나무까지 다 베어버려 아랍인들이 오랫동안 아름다운 옷을 못 입게 만들어버렸다.[63]

장안 시내 주점에서 술을 마시다 잠들곤 했던 이백은 이런 일이 생길지 생각이나 해보았을까?

생각해봤을 리 없다. 하지만 그가 지었다고 알려진 「억진아憶秦娥」는 장안과, 장안이 대표하던 시대에 대한 애도사로 봐도 무방하다.

낙유원의 쓸쓸한 가을을 바라보니
함양으로 가는 오래된 길에 소식 끊겼네

---

**62** 중당의 사대부에게는 모란꽃 감상이 유행이었다. 이조, 『국사보』 참고. 본 문단에서 인용된 시는 각기 유종원의 「등유주성루기장정봉연사주자사登柳州城樓寄漳汀封連四州刺史」와 유우석의 「원화십년자낭주지경희증간화제군자元和十年自朗州至京戲贈看花諸君子」다.

**63** 『자치통감』 253권 건부 5년 12월 항목과 건부 6년 5월, 6월, 9월 항목 그리고 2001년 중화서국中華書局에서 출간된 『중국 인도 견문록中國印度見聞錄』, 게가사와 야스노리의 『빛나는 세계 제국』, 르네 그루세의 『중국의 문명』 참고.

소식 끊겼네

서풍 불고 석양 비치네

한나라 때의 능과 궁궐에

樂游原上淸秋節

咸陽古道音塵絶

音塵絶

西風殘照

漢家陵闕


그렇다. 당나라가 멸망한 후, 장안은 다시는 제국의 수도가 되지 못했다. 장안을 대신한 새 도시는 완전히 새로운 문명을 선보였다.

우리는 그 문명의 등장을 기다리기로 하자.

# 이중톈이 읽지 않는 세 가지 책

어느 날 이중톈의 마이크로블로그에 '내가 읽지 않는 세 가지 책'이라는 제목의 포스트가 올라왔다. 지난 6년간 『이중톈 중국사』를 14권이나 번역했고 역자 후기의 지면을 메우려고 그의 여러 잡문과 근황을 샅샅이 뒤져왔지만 의외로 그의 본격적인 독서론을 접한 적은 없었기에 나는 눈에 불을 켜고 그 포스트를 읽기 시작했다.

신체적 소양은 식사 습관을 보면 알 수 있고 정신적 소양은 독서 습관을 보면 알 수 있다. 정신적 소양이 뛰어난 사람은 아마도 독서에 있어서 잡식주의자일 것이다. 이 말은 뒤집어봐도 옳다. 혹은 뒤집어보면 더 옳다. 어떤 사람의 정신적 소양이 뛰어난 것은 흔히 그가 독서에 있어서 잡식을 하고 금기가 없기 때문이다.

위의 말은 보편적으로 긍정할 만하다. 편견 없이, 인위적 제한 없이 다양한 분야의 양서를 읽는 것은 모든 독서가의 금과옥조다. 이중톈도 『이중톈 중국사』의 집필을 통하여 동서고금의 고전은 물론이고 추리소설 같은 장르문학까지 아우르는 본인의 방대한 독서 이력을 과시한 바 있다.

하지만 그런 이중톈도 자신이 절대로 읽지 않는 종류의 책들이 있다고 토로한다. 사실 누구에게나 그런 책이 있는 것처럼 말이다. 나 같은 경우는 부끄럽게도 읽지 않는 책이 꽤 많다. 경제경영서, 자기계발서, 종교서, 과학서, 수필을 안 읽는다. 이중톈의 말을 빌리자면 '정신적 소양'이 형편없는 셈이다. 그러면 이중톈이 안 읽는다는 책은 무엇일까? 모두 세 가지인데 첫 번째는 엄숙하기만 한 책이다.

엄숙하기만 한 책은 왜 읽을 수 없는 걸까? 엄숙한 얘기를 하는 게 나쁘다는 것은 아니다. 엄숙한 게 나쁘면 설마 엄숙하지 않은 게 좋겠는가? 그런데 책을 쓰는 사람은 엄숙하지 않을 수 없지만 너무 엄숙해서는 안 되며 엄숙하기만 해서는 더더욱 안 된다. 엄숙하기만 하면 회의 석상에서 보고서를 읽는 것과 같아서 그런 책은 도저히 읽어줄 수가 없다. 그래서 독자를 생각한다면, 혹은 나 같은 '무료해야 책을 읽는' 독자를 생각한다면 글을 쓸 때 엄숙하기만 해서는 안 된다. 어느 대작가가 말했는지 기억나지 않지만 '나는 글을 써야만 한다'는 생각을 가지면 그 글은 결코 좋은 글이 될 수 없다. 오히려 '헛소리를 해야겠다'고 생각하면 자신과 독자가 다 편안해진다.

이것은 지나치게 독자를 가르치려고 하는 책에 대한 경계로 들린다. 어떤 책이 아무리 중요한 내용을 담고 있다 하더라도 작가가 엄숙 일변도로 독자를 내려다보며 글을 쓴다면 독자는 불편함을 느끼지 않을 수 없고 결국 폈던 책장을 금세 덮게 마련이다.

다음으로 두 번째는 무슨 말을 하는지 알 수 없는 책인데, 이 책은 앞의 책과 긴밀한 관계가 있다.

겉으로는 엄숙해 보이는 글이 알고 보면 허튼소리일 때가 많다. 설령 그 작가가 진지하더라도 말이다. 그런데 진지한 허튼소리는 진지하지 않은 허튼소리보다 더 나쁘다. 진지하지 않은 허튼소리는 진지하지 않기 때문에 다들 허튼소리임을 알아보며 별로 큰 지장을 받지 않는다. 그런데 진지한 허튼소리는 그것이 진지하기 때문에 다들 섣불리 의심하지 못하고 어느 정도 존중하는 마음을 품는다. 하지만 그러다가 결국 허튼소리에 불과하다는 것을 깨달으면 이미 후회해도 소용이 없다. 그래서 나는 속임수에 당하지 않기 위해 엄숙하기만 한 책은 아예 처음부터 멀리한다.

진지하게 허튼소리를 하는 책은 흔히 무슨 말을 하는지 알 수 없다. '허튼소리'를 '진지하게' 하려면 그럴듯하게 알쏭달쏭한 말을 늘어놓는 것 **276**

말고는 다른 방법이 없기 때문이다. 그래서 나는 알기 쉬운 말로 분명하게 이야기하지 않는 책도 귀신을 대하듯 멀리한다.

나는 세상에 분명하게 말할 수 없는 일이나 분명하게 이해할 수 없는 이치가 있다고 믿지 않는다. 분명하게 말하지 못하는 것은 자기가 분명하게 이해하지 못했기 때문이며 분명하게 이해하지 못한 것은 아이큐가 너무 낮기 때문이다.

독자로서 이 얼마나 당당한 태도인가. 무슨 소리인지 당최 알 수 없는 책은 저자가 자기도 이해하지 못하는 글을 썼기 때문이라니! 이중톈의 이 견해는 조금 과격한 감이 없지 않다. 하지만 사실 이 세상의 난해하기 짝이 없는 책 중 대다수는 이 견해의 지적에 해당한다고 볼 수 있다.

마지막 세 번째 책은 잘난 척하는 책이다.

물론 잘난 척하는 책의 종류는 매우 많다. 멋진 척하는 것도 있고, 순수한 척하는 것도 있고, 심오한 척하는 것도 있고, 미친 척하는 것도 있다. 하지만 가장 많은 것은 역시 엄숙한 척하는 것이다.

엄숙함은 인간의 천성이 아니어서 모든 엄숙함은 다 '척하는' 것이다. 혹은 덩샤오망鄧曉芒 교수가 말했듯이 "인생을 연기하고 있는 것이다". 안타깝게도 대다수 사람은 이 점을 인정하려 하지 않는다. 그래서 인정하려 하지 않을수록 더 고심해서 엄숙한 척을 하며 마지막에는 잘난 척하는

**277**

것으로 변한다.

이처럼 이중톈이 읽기를 꺼리는 세 가지 책은 엄숙하기만 한 책, 무슨 말을 하는지 알 수 없는 책, 잘난 척하는 책이며 그는 이것들을 통틀어 "참된 성정으로 쓰지 않은 책"으로 못 박는다. 그리고 참된 성정으로 쓰지 않은 책은 좋은 책이 아니며 심지어 책이라 불릴 수도 없고 책이라 불릴 자격도 없다고 결론 내린다.

내가 보기에 위의 세 가지는 똑같은 책의 서로 다른 면모다. 작가의 호칭을 사회적 지위를 높이는 액세서리처럼 여기는 자들이 짐짓 엄숙한 척, 잘난 척하며 자기도 모르는 소리를 끼적여 어떤 형태로든 기어코 출판하려 하는 모든 책이 바로 그러하다. 내가 아는 여러 출판사도 시도 때도 없이 날아오는 그들의 출판 의뢰 메일 때문에 늘 골머리를 앓고 있다.

아무리 작가와 책의 위상이 추락할 대로 추락했어도 이중톈의 말처럼 책은 참된 성정의 소산이어야 한다는 원칙만은 변함이 없다. 그가 읽지 않는 세 가지 책은 누구든 역시 읽지 말아야 하며 스스로도 경계로 삼아야 한다.

김택규

부록

『안사의 난』에 언급된
사건 연표

710년(경운景雲 원년) 6월 2일, 중종이 피살됨. 20일, 이융기가 쿠데타를 일으켜 위황후 무리를 몰아냄. 24일, 예종 이단 즉위.

712년(연화延和 원년) 8월, 예종 이단이 태상황을 자임하고 이융기에게 제위를 넘김. 당 현종(이융기)은 같은 달 선천으로 연호를 바꿈.

713년(선천 2) 7월, 현종이 태평공주 무리를 분쇄. 12월, 연호가 개원으로 바뀌고 요숭이 중서령이 됨.

716년(개원 4) 12월, 요숭이 재상을 그만두고 송경이 문하시중(황문감黃門監)이 됨.

720년(개원 8) 정월, 송경이 재상을 그만둠.

721년(개원 9) 2월, 우문융이 재정 관리를 시작. 9월, 장열이 병부상서 겸 동중서문하삼품이 됨.

722년(개원 10) 8월, 장열이 병제兵制를 개혁.

723년(개원 11) 2월, 장열이 중서령이 됨. 이해에 장열이 정사당을 중서문하로 바꿀 것을 상주上奏.

724년(개원 12) 8월, 우문융이 어사중승이 됨.

725년(개원 13) 2월, 우문융이 호부시랑을 겸함.

**281** 726년(개원 14) 4월, 장열이 재상을 그만둠.

729년(개원 17) 우문융이 백 일간 재상을 맡고 좌천됨.

731년(개원 19) 정월, 왕모중이 파직되어 죽임을 당함.

732년(개원 20) 9월, 장열이 『개원례』를 올림. 이해에 천하는 786만 1236호, 4543만1265명이었음.

733년(개원 21) 3월, 한휴가 재상이 되었다가 10월에 그만둠.

734년(개원 22) 5월, 배요경은 시중, 장구령은 중서령, 이임보는 예부상서 겸 동중서문하평장사가 됨.

736년(개원 24) 11월, 배요경과 장구령이 재상을 그만두고 이임보가 중서령, 우선객이 공부상서 겸 동중서문하삼품이 됨.

739년(개원 27) 4월, 이임보가 이부상서 겸 중서령, 우선객이 병부상서 겸 시중이 됨. 8월, 공자에게 문선왕文宣王의 시호를 추증.

740년(개원 28) 10월, 이융기가 양옥환과 여산 온천궁에서 밀회하고 한눈에 반함.

741년(개원 29) 양옥환이 여도사가 되어 태진이라는 도호를 얻음.

742년(천보 원년) 정월, 천보로 연호가 바뀌고 대사면령이 내려짐.

743년(천보 2) 정월, 안녹산이 최초로 입조.

744년(천보 3) 정월, '연年'이 '재載'로 바뀜. 3월, 평로절도사 안녹산이 범양 절도사를 겸함. 이해에 당 현종이 천하의 일을 다 이임보에게 맡기려다 고역사에게 저지당함.

745년(천보 4) 8월, 양옥환이 귀비로 책봉됨. 당시 당 현종은 61세, 양귀 **282**

비는 27세였음.

747년(천보 6) 10월, 온천궁을 화청궁으로 바꿈. 11월, 이임보의 계책을 도입해 한족寒族 호인만 대장의 직책을 맡게 함.

751년(천보 10) 4월, 검남절도사 선우중통이 운남에서 남조와 전투를 벌이다 대패. 안서사진절도사 고선지는 아랍 제국과의 탈라스 전투에서 대패. 이로써 당 제국은 파미르고원 서쪽 지역에 대한 통제권을 상실. 8월에는 동북삼진절도사 안녹산이 거란과 해족에게 패배.

752년(천보 11) 11월, 이임보가 죽고 양국충이 수상이 되어 대권을 독점.

755년(천보 14) 11월, 안녹산이 범양에서 거병하자 당 현종은 영왕 이완을 병마원수로, 고선지를 부원수로, 봉상청을 범양과 평로의 절도사로, 곽자의를 삭방절도사로 삼음. 12월, 현종은 참언을 믿고 고선지와 봉상청을 죽이고서 따로 가서한을 부원수로 임명.

756년(지덕 원년) 정월, 안녹산이 낙양에서 칭제하고 국호를 대연으로 정함. 당 현종이 이광필을 하동절도사로 임명. 4월에서 5월까지 곽자의와 이광필이 사사명에게 대승을 거둠. 6월, 가서한이 양국충의 압박으로 동관을 나가 영보에서 패배하고 안녹산에게 투항. 당 현종이 황급히 도망치다 마외파에서 변을 만나 양국충과 양옥환이 피살되고 태자 이형과 헤어짐. 7월, 태자 이형이 영무에서 즉위해 숙종이 되고 연호를 지덕으로 바꿈. 이필이 영무로 가서 숙종을 알현. 8월, 곽자의와 이광필이 병력을 이끌고 영무로 감. 현종이 조칙을 내려 태상황이라 칭함.

9월, 숙종이 회흘에게 병력을 빌림. 12월, 회흘군이 곽자의와 회합하고 영왕永王 이린李璘이 강릉에서 반기를 들었으며 토번이 빈틈을 타 침입해 여러 곳을 함락.

757년(지덕 2) 정월, 안경서가 안녹산을 죽이고 대연 황제로 즉위. 이담이 무고로 죽음. 2월, 곽자의가 하동을 평정. 숙종이 봉상에 가서 이필의 반란 평정 방안을 물리침. 이린이 패전해 사망. 4월, 안진경이 봉상에 감. 9월, 곽자의와 회흘군이 장안을 수복. 10월, 낙양이 수복되고 숙종이 봉상에서 장안으로 감. 12월, 현종이 장안으로 돌아가고 사사명이 거짓 투항.

758년(건원 원년) 2월, 연호가 바뀌고 '재'도 '연'으로 다시 바뀜. 5월, 이숙李俶이 태자로 책봉됨. 8월, 곽자의가 중서령, 이광필이 시중이 됨. 9월, 어조은이 관군용·선위처치사觀軍容宣慰處置使가 됨.

759년(건원 2) 정월, 사사명이 칭왕. 3월, 사사명이 안경서를 살해. 4월, 사사명이 칭제. 7월, 곽자의가 도읍으로 돌아오고 이광필이 삭방절도사 겸 병마원수, 복고회은이 부원수가 됨.

760년(상원上元 원년) 정월, 이광필이 태위 겸 중서령이 됨. 몇 달간 이광필이 사사명에게 대승을 거둠. 4월, 연호가 바뀜. 7월, 이보국이 현종을 태극궁으로 옮기고 진현례와 고역사가 권세를 잃음.

761년(상원 2) 복고회은의 방해로 이광필이 패배. 3월, 사사명이 피살되고 사조의가 즉위. 8월, 이보국에게 병부상서의 직위가 더해짐.

**284**

<u>762년(보응 원년)</u> 4월, 태상황 이융기, 황제 이형이 차례로 사망하고 태자 이예李豫가 즉위해 대종이 됨. 10월, 당나라는 회흘의 도움을 빌려 낙양을 수복했지만 회흘군과 정부군에 의해 백성이 유린당함.

<u>763년(보응 2)</u> 정월, 사조의가 자살. 윤정월, 회흘군이 귀국하고 안사의 난이 평정됨. 9월, 토번의 침입으로 대종이 도망치고 장안이 함락됨. 10월, 곽자의가 장안을 수복.

<u>765년(영태 원년)</u> 10월, 토번이 회흘과 연합해 침입했지만 곽자의가 회흘군을 퇴각시켜 토번도 철군.

<u>779년(대력大曆 14)</u> 5월, 대종이 사망하고 덕종이 즉위.

<u>782년(건중 3)</u> 11월, 하북의 4개 번진이 독립을 선포하고 그 후 이희열도 반란을 일으킴.

<u>783년(건중 4)</u> 10월, 경원군涇原軍이 쿠데타를 일으켜 덕종이 도망침.

<u>789년(정원 5)</u> 12월, 토번이 대거 북정을 공격해 회골이 출병하여 구원. 이듬해, 토번이 대승을 거둬 북정과 안서와의 연계가 끊어짐으로써 중국은 그 후로 천 년간 타림과 중가리아에 대한 통제권을 상실.

<u>805년(영정永貞 원년)</u> 정월, 덕종이 사망하고 순종順宗이 즉위. 8월, 순종의 양위로 헌종이 즉위. 조정에서 붕당의 내분이 시작됨.

<u>820년(원화 15)</u> 정월, 환관이 헌종을 죽이고 목종을 세움.

<u>824년(장경長慶 4)</u> 정월, 목종이 죽고 경종이 즉위.

**285** <u>826년(보력寶曆 2)</u> 12월, 환관이 경종을 죽이고 문종을 세움.

835년(태화 9) 11월, 감로의 변.

840년(개성 5) 정월, 문종이 죽고 환관이 무종을 세움.

846년(회창會昌 6) 3월, 무종이 죽고 환관이 선종을 세움.

859년(대중大中 13) 8월, 선종이 죽고 환관이 의종을 세움.

873년(함통 14) 7월, 의종이 죽고 환관이 희종을 세움.

874년(건부 원년) 왕선지의 반란.

875년(건부 2) 6월, 황소가 왕선지의 반란군에 참가.

880년(광명廣明 원년) 12월, 황소가 장안을 함락해 희종이 황급히 도주. 황소는 칭제하고 연호를 금통金統, 국호를 대제大齊로 정함.

882년(중화 2) 9월, 황소의 부하 장수 주온이 배반하고 당나라에 투항. 10월, 당나라는 주온에게 주전충이라는 이름을 하사. 12월, 이극용이 황소 토벌전에 참가.

884년(중화 4) 6월, 황소가 패하여 자살.

888년(문덕文德 원년) 3월, 희종이 죽고 환관이 소종을 세움.

903년(천복天復 3) 정월, 주전충이 환관을 몰살.

904년(천우天祐 원년) 정월, 권신 최윤이 피살됨. 윤4월, 소종이 낙양으로 납치됨. 8월, 소종이 살해되고 이축李柷이 13세의 나이로 즉위해 애제가 됨. 2월, 종실이 몰살됨. 6월, 조정의 사대부가 몰살됨.

907년(개평 원년) 4월, 주전충이 칭제하고 국호를 양이라 정함. 당나라가 망하고 오대십국이 시작됨.

이중톈 중국사
\16\

# 안사의 난

| | |
|---|---|
| **초판 인쇄** | 2023년 8월 18일 |
| **초판 발행** | 2023년 8월 25일 |

| | |
|---|---|
| **지은이** | 이중톈 |
| **옮긴이** | 김택규 |
| **펴낸이** | 강성민 |
| **편집장** | 이은혜 |
| **기획** | 김택규 |
| **편집** | 김지수 김유나 |
| **마케팅** | 정민호 박치우 한민아 이민경 박진희 정경주 정유선 김수인 |
| **브랜딩** | 함유지 함근아 박민재 김희숙 고보미 정승민 |
| **제작** | 강신은 김동욱 이순호 |

| | |
|---|---|
| **펴낸곳** | (주)글항아리 │ 출판등록 2009년 1월 19일 제406-2009-000002호 |
| **주소** | 10881 경기도 파주시 심학산로 10 3층 |
| **전자우편** | bookpot@hanmail.net |
| **전화번호** | 031-955-8869(마케팅) 031-941-5158(편집부) |
| **팩스** | 031-941-5163 |

| | |
|---|---|
| ISBN | 979-11-6909-141-1 03900 |

잘못된 책은 구입하신 서점에서 교환해드립니다.
기타 교환 문의 031-955-2661, 3580

www.geulhangari.com